Murphy, Besser zuhören – mehr Erfolg

BESSER ZUHÖREN MEHR ERFOLG

Das einfache und wirksame Führungskonzept

von
Kevin J. Murphy

Rudolf Haufe Verlag
Freiburg im Breisgau

CIP-Kurztitelaufnahme der Deutschen Bibliothek

Murphy, Kevin J.:

Besser zuhören, mehr Erfolg: d. einfache u. wirksame Führungskonzept / von Kevin J. Murphy. [Einzig berecht. Übers. aus d. Amerikan. von Erwin Schuhmacher]. — Freiburg im Breisgau: Haufe, 1987.
Einheitssacht.: Effective listening ‹dt.›
ISBN 3-448-01795-7

ISBN 3-448-01795-7 Bestell-Nr. 01.24

Einzig berechtigte Übersetzung aus dem Amerikanischen
von Erwin Schuhmacher.

Titel der Originalausgabe:
„Effective Listening: Hearing What People Say and Making It Work for You“

Umschlagentwurf: Philippe Dudek, Freiburg i. Br.

Satz u. Druck: Fa. Stückle, Ettenheim

Vorwort

Welche besondere Eigenschaft zeichnet den erfolgreichen Unternehmensführer aus? Ist es jahrelange Erfahrung? Ist es Intelligenz? Sind es seine organisatorischen Fähigkeiten? Die Antwort ist einfach: Die erfolgreichsten Unternehmensleiter und Manager *hören richtig zu.*

Richtiges Zuhören — das ist die Fähigkeit, sich auf die Bedürfnisse und Zielsetzungen von Klienten, Kunden und Mitarbeitern einzustellen. Es ist die einzigartige Fähigkeit, von der Lee Iacocca meint, sie könne „den Unterschied zwischen einem mittelmäßigen und einem gut geführten Unternehmen ausmachen". Es ist die Fähigkeit, von der Mark McCormack, Verfasser des Buches *What They Don't Teach You At Harvard Business School* (Was man an der Harvard Business School nicht lehrt) gesagt hat: „... für einen guten Verkäufer gibt es wahrscheinlich keine größere Fertigkeit ‹als das Zuhören›". Es ist die Grundlage der großartigen Marketingleistung, die den Ford Taunus, einen nach den spezifischen Wünschen der Kunden, Mitarbeiter, Ingenieure und Autohändler konstruierten Wagen, zu einem der erfolgreichsten Automobile seit dem Mustang machte. Leider ist festzustellen, daß Zuhören eines der am meisten unterschätzten und vernachlässigten Managementwerkzeuge ist.

Kevin J. Murphy

Inhalt

Einführung

Wir alle kennen die alte Redensart: „Was ich nicht weiß, macht mich nicht heiß". Dennoch widerlegen die Erfahrungen der Manager in Fabriken, Dienstleistungsbetrieben und Büros im ganzen Lande täglich diese Redewendung. Trotz Schulung in unzulänglichen Marketinglehrgängen, Seminaren über organisatorisches Verhalten, Unterweisung im Verkaufs- und Personalmanagement müssen unsere Manager immer noch die Zukunft meistern, ohne die einzigartige und höchst bedeutsame Fertigkeit erworben zu haben, die es ihnen ermöglicht, ihre Managementausbildung voll zu nutzen — die Fähigkeit zu richtigem Zuhören. Und was sie demzufolge nicht wissen, macht sie dennoch heiß und schadet ihnen: Sie bremsen die Kreativität der Mitarbeiter, lassen sich in Situationen zum Reden verleiten, in denen sie sich besser auf die Äußerungen anderer einstellen sollten — was den Kommunikationsprozeß unterminiert.
Erfolgreich sein durch richtiges Zuhören heißt, die vielen Möglichkeiten entdecken, wie das, was man *wirklich weiß,* Ihnen helfen kann. Richtiges Zuhören heißt, die uns zur Verfügung stehenden umfangreichen Hilfsquellen anzapfen, einfühlsam in den Informationsfluß einsteigen, der Sie zu einem besseren Manager, zu einem leistungsfähigeren Arbeitgeber und einem wahrhaft erfolgreichen Unternehmer machen kann. Genauso war es bei einem meiner zufriedenen Klienten.

Alles, was ich zunächst von Jordan wußte, war, daß er ein gut diversifiziertes Unternehmen besaß und ein erfolgreicher Selfmade-Geschäftsmann war. Sein Wunsch nach größeren Leistungen hatte ihn veranlaßt, an einem meiner Programme über richtiges Zuhören teilzunehmen. Ich wollte schon vor dem für den folgenden Montagvormittag festgesetzten Einführungsgespräch offene Kommunikationskanäle schaffen und schickte ihm daher am Freitag meine selbstverfaßte Anleitung zum richtigen Zuhören.

Obwohl ich schon mit vielen Managern zusammengetroffen bin, wurde ich doch nie mit größerer Herzlichkeit begrüßt. „Sie brauchen kein Wort mehr zu sagen, Kevin", begrüßte mich Jordan. „Sie haben mich jetzt schon von der Bedeutung richtigen Zuhörens überzeugt." Natürlich war ich begeistert; mein Buch hatte jemanden bekehrt! Doch wußte ich noch nicht, daß dieser kreative Unternehmer in fast derselben Zeit, die er für die Lektüre meines Buches gebraucht hatte, dessen Inhalt schon genutzt hatte, um einen unerwarteten, handfesten Profit einzuheimsen.

Einige Wochen zuvor hatte eine Gruppe von Anlegern Interesse für den Teil seinen Unternehmens gezeigt, den Jordan veräußern wollte. Bei der Lektüre meines Buches während des Wochenendes hatte er sich für den Preis von drei Millionen Dollar entschieden und die Argumente zurechtgelegt, mit denen er diesen Preis begründen wollte.

Am frühen Montagmorgen jedoch, als Jordan und die Kaufinteressenten am Konferenztisch Platz genommen hatten, hielt ihn etwas davon ab, gleich seinen Preis zu nennen. Dieses „etwas" war ein Satz aus meinem Buch, an den er sich erinnerte: „Je besser man zuhört, desto mehr erfährt man darüber, was der Kunde vom angebotenen Produkt hält." Jordan entschloß sich, diesen Rat zu befolgen. Statt Forderungen zu nennen, Begründungen und Ausreden vorzutragen, hielt er den Mund und hörte nur zu.

Die Anleger waren nur zu bereit, das unbehagliche Schweigen zu brechen. Sie stürzten sich sogleich in eine ausführliche Aufzählung der Stärken und Schwächen des zum Verkauf anstehenden Unternehmens und schlossen schließlich mit folgendem Angebot: „Wir sind bereit, Ihnen dreieinhalb Millionen Dollar zu zahlen und keinen Penny mehr.“ Jordan spürte, daß sein Schweigen ihm eine Position der Stärke verschafft hatte, stellte sich auf den Enthusiasmus der Käufer ein und nahm ihr Angebot als Verhandlungsgrundlage an. Eine knappe Stunde später besiegelte er den Handel mit Handschlag zu einem Preis von $ 3650000. „Man bekommt nicht immer den Gegenwert dessen, was man gezahlt hat“, berichtete Jordan strahlend. „Ihr Buch bekam ich umsonst; aber es hat mir einen Profit von 650000 Dollar gebracht.“

Genau genommen hatte Jordan doch eine Investition getätigt. Er hatte Zeit, Bemühungen und sogar einen Teil seines Ego investiert, um den Käufern ein Gefühl von Wichtigkeit zu geben und sie dazu zu bringen, als erste mit ihren eigenen Vorstellungen herauszurücken. Kurz gesagt: Er hatte den Signalen *gelauscht,* die er zu hören wünschte. Damit war seine Investition jedoch noch nicht beendet. Denn er übernahm die Grundsätze erfolgreichen Zuhörens auch in seine Firma, wo sich seine neu erworbenen Fähigkeiten künftig in Form gesteigerter Produktivität, besserer Betriebsmoral und vermehrter Zuverlässigkeit der Mitarbeiter auszahlten.

Mit dem Strom schwimmen. In welcher Branche Sie auch tätig sind und was auch immer die Ziele Ihrer Abteilung sind — jeder Arbeitstag ist ein achtstündiger Strom von Informationen. Versäumen Sie es, den Ihnen als Manager zugänglichen konstanten Austausch von Informationen zu nutzen, dann verpassen Sie eine günstige Gelegenheit, mit den Problemen Ihrer Abteilung vertraut zu werden, die Signale Ihrer Mitarbeiter zu entschlüsseln, kurz gesagt, Ihre Abteilung in die bestmögliche Form zu bringen. Wer jedoch richtiges Zuhören für sich arbeiten läßt, die einzigartige Fähigkeit der erfolgreichsten Geschäftsleute, der hat die Chance, einen geradezu endlosen Strom von Ideen, Anregungen und Lösungsvorschlägen anzuzapfen. Er gibt sich damit die Kraft, leistungsfähige und kreative Mitarbeiter auszuwählen und einzustellen, den Teamgeist zu fördern und die Betriebsmoral und das Verantwortungsbewußtsein aller zu stärken.

Je besser man zuhört, um so mehr Glück hat man. Meine Klienten schwören darauf; Jordan setzte darauf, und Lee Iacocca hat einen Traum darauf gebaut.

Richtiges Zuhören ist in Wahrheit nur ein möglicher Weg, an die Spitze zu gelangen. Ein guter Beschäftigungsnachweis, immer zur rechten Zeit am rechten Platz sein — jeder dieser Faktoren kann Sie auf den Gipfel Ihrer beruflichen Laufbahn befördern — aber nur richtiges Zuhören kann Sie auch dort *belassen.* Sind Sie bereit, diese Chance zu nutzen?

Teil I
Hören Sie richtig zu?

Sind Sie ein guter Zuhörer?

1. Während der Arbeit entsteht ein Problem. Reagieren Sie oft darauf, bevor Sie alle Fakten beisammen haben?

2. Sie haben die Antwort auf eine Frage erhalten. Dann beginnt der Gesprächspartner, von einer ganz anderen Sache zu sprechen. Verlieren Sie jetzt das Interesse?

3. Bei einer Stabsbesprechung haben Sie Ihre Erklärung abgegeben oder Ihre Darstellung der Dinge abgeschlossen. Neigen Sie anschließend zu träumerischem Dösen?

4. Führen Sie oft zwecks Zeitersparnis Äußerungen eines langsamen und nachdenklichen Sprechers an seiner Stelle zu Ende?

5. Ein Mitarbeiter erzählt eine persönliche Anekdote. Halten Sie nun Zuhören für bloße Zeitvergeudung statt für eine gute Gelegenheit, besseren Einblick in seine Persönlichkeit zu gewinnen?

6. Ist es Ihnen unangenehm, Mitarbeiter zu fragen, ob sie Ihre Anweisungen verstanden haben?

7. Man hat Ihnen soeben die bevorstehende Entlassung von Personal mitgeteilt. Beeinflußt das Ihre Gedanken während der an diesem Tag noch bevorstehenden Gespräche mit Untergebenen?

8. Ein Gespräch mit einem Kunden oder Klienten läßt bei Ihnen vieles im Unklaren. Zögern Sie dann, klärende Fragen zu stellen?

9. Werden Sie in Anwesenheit eines der Topmanager Ihres Unternehmens nervös oder ängstlich?

10. Sind Sie ein guter Zuhörer?

Haben Sie eine der ersten neun Fragen mit JA beantwortet, dann neigen Sie von Natur aus dazu, Ihre Fähigkeit zum Zuhören unter dem Druck der täglichen Arbeit zu beschränken. Dieses Buch wird Ihre Fähigkeit zum Zuhören schärfen und Ihre Gesamtleistung auf dem Weg an die Spitze verbessern.

Haben Sie auf alle der ersten neun Fragen mit NEIN geantwortet und sind immer noch nicht der höchste leitende Angestellte Ihrer Firma, dann sollten Sie entweder dem Eigentümer des Unternehmens von Ihren fast übermenschlichen Fähigkeiten berichten oder einen Test mit einem Lügendetektor machen. Ängste, Sorgen und Druck können die Fähigkeiten selbst des besten „natürlichen Zuhörers" untergraben. Öffnen Sie sich ehrlich dem Sinn obiger Fragen und wiederholen Sie das Quiz. Bedenken Sie: Was ich nicht weiß, macht mich nicht heiß; was man jedoch wirklich weiß, das kann nur hilfreich sein.

Obiges Quiz habe ich mit zwanzig Topmanagern durchgeführt. Es waren alle Unternehmensleiter, von denen mir bekannt war, daß sie sich ehrlich auf die Bedürfnisse und Zielsetzungen auch ihrer Mitarbeiter einstellen. Die meisten beantworteten mindestens vier der neun Fragen mit Ja. Um die

Objektivität dieser Manager zu testen, bat ich dann jeweils einen gleichrangigen Kollegen, den Test für den anderen zu beantworten. Vier der neun Fragen wurden auch dann affirmativ beantwortet, was die Richtigkeit der Selbsteinschätzung der Befragten bestätigte.

Und wie steht es mit Frage 1: Sind Sie ein guter Zuhörer?

Über 75 Prozent der von mir interviewten guten Zuhörer antworteten mit Nein. Warum? Weil man, je besser man zuhört, um so besser einsieht, wie wenig man wirklich weiß. Ein guter Zuhörer ist sich bewußt, welch miserabler Zuhörer er sein kann, wenn es bei der Arbeit heiß hergeht.

SIND SIE EIN GUTER ZUHÖRER?
FRAGEN SIE IHRE KOLLEGEN, MITARBEITER, EHEPARTNER ODER KINDER.

Haben Sie auf die Frage 10 mit Ja geantwortet, dann schlage ich vor, Sie bitten einen gleichrangigen Kollegen, Ihren Ehepartner oder Ihre Kinder, das Quiz für Sie zu beantworten. Und dann wappnen Sie sich mit Fassung für die Ergebnisse. Damit beantworten Sie auch schon die nicht gestellte Frage 11: Wollen Sie ein noch besserer Zuhörer werden? Ihre Bereitschaft, sich dem Urteil anderer zu öffnen, beweist, daß Sie es wollen.

NICHTS SAGEN ZEUGT OFT VON GUTER BEHERRSCHUNG DER SPRACHE.

1. Was heißt Zuhören?

- Zuhören ist das genaue Wahrnehmen dessen, was kommuniziert wird. Es ist die Kunst, Tatsachen von Feststellungen, Meinungen und Behauptungen zu unterscheiden.
- Zuhören ist ein Vorgang in ständiger Bewegung. Er beginnt damit, daß man hört oder beobachtet, was gesagt wird, und setzt sich fort mit der Speicherung und dem Korrelieren von Informationen, um dann erneut mit der eigenen Reaktion zu beginnen.
- Zuhören ist nicht die bloße Fähigkeit, Informationen zu entschlüsseln. Es ist ein zweigleisiger Austausch, bei dem beide Parteien stets für die Gedanken, Ideen und Gefühle der anderen empfänglich sein müssen. Ein guter Zuhörer muß nicht nur die Kommunikationswege frei machen und sich dann entspannen, sondern muß auch andere dazu bringen, dasselbe zu tun.

Was ist Zuhören sonst noch?

- Zuhören ist ein natürlicher Vorgang im Widerspruch zur menschlichen Natur.

ZUHÖREN IST DAS GENAUE ERFASSEN DESSEN, WAS KOMMUNIZIERT WIRD.

2. Was alles vom Zuhören ablenkt

Kommunikation wegen mangelnden Interesses abgebrochen

Vom ersten Augenblick an, an dem der Redner seinen Platz auf dem Podium einnahm, wußte ich, dies war jemand, mit dem ich von Angesicht zu Angesicht sprechen mußte. Seine Körperhaltung war bemerkenswert; der Inhalt seines Vortrags — über die Schärfung der Kommunikationsfähigkeiten — war geradezu elektrisierend.

Sobald ich mich jedoch diesem selbsternannten „Zuhörerkollegen" vorstellte, verfiel er in einen Monolog über seinen beruflichen Werdegang, seine Qualifikation und seine Erfolge. Ich spürte, wie meine Augen und meine Aufmerksamkeit sich anderem zuwandten. Wenige Augenblicke später „kam ich wieder zu mir", etwas verlegen, weil mir der Kommunikationsfaden gerissen war.

„Tut mir leid", entschuldigte ich mich. „Aber den letzten Satz habe ich nicht ganz mitbekommen."

„Nun ja, ach so", stammelte er. „Wo war ich doch stehen geblieben? Es war wohl nichts Wichtiges."

EIN OFFENES OHR IST DER
SCHLÜSSEL ZUR KOMMUNIKATION!

Das Ego: Die grundlegende Kommunikationssperre

Die menschliche Natur ist verantwortlich für die grundlegendste Sperre gegenüber richtigem Zuhören. Indem es jedem von uns das außerordentliche Bedürfnis einprägt, *gehört* zu werden, überwältigt unser Ego jedes Verlangen, selbst *zu hören*. Das Ergebnis ist ein Patt im menschlichen Gespräch. Der Zuhörer verliert am Ende das Interesse am Sprechenden, und dieser verliert am Ende das Interesse am Klang der eigenen Stimme.

STÖREN SIE DIE KOMMUNIKATIONSLEITUNG
NICHT DURCH IHREN INNEREN DRANG,
ZU VIEL UND ZU OFT ZU REDEN.

Wem hören Sie zu?

1. Gute Mitarbeiter haben Ihr Unternehmen verlassen. Finden Sie erst dann heraus, daß diese sich nicht wohl gefühlt haben oder bei ihrer Tätigkeit nicht richtig gefordert wurden?

2. Merken Sie häufig erst einen Monat nach dem Lesen eines Berichts, daß ein ganz wichtiger Buchungsbeleg verlorengegangen ist?

3. Geben Sie der Fertigstellung eines Budgets oder eines Monatsberichts Vorrang gegenüber der Aussprache mit einem Mitarbeiter oder der Behandlung eines Marketingproblems?

4. Spüren Sie, daß Ihre Untergebenen aus Furcht vor Repressalien sich scheuen, heikle Angelegenheiten mit Ihnen zu besprechen?

5. Neigen Sie dazu, der Behandlung von Personalproblemen aus dem Wege zu gehen, in der Hoffnung, daß sie sich von selbst erledigen?

6. Zögern Sie, in Ihrer Abteilung Veränderungen vorzunehmen?

7. Fällt es Ihnen schwer, einem Untergebenen zu sagen, daß seine Leistungen Ihren Ansprüchen nicht genügen?

8. Fällt es Ihnen schwer, einem Angestellten zu kündigen, selbst wenn der Anlaß mehr als berechtigt ist?

Sind Sie nicht imstande, anderen zuzuhören, dann spricht vieles dafür, daß es so ist, weil Sie zu sehr damit beschäftigt sind, sich selbst zuzuhören.

Haben Sie eine der Fragen im obigen Quiz für Manager mit Ja beantwortet, dann stört Ihre angeborene Neigung, mehr auf die eigenen Gedanken, Befürchtungen und Worte zu hören, Ihr Bedürfnis, anderen zuzuhören.

Was uns am richtigen Zuhören hindert, das sind die Abwehrmechanismen unseres Ego. Sie sind so natürlich und ausgesprochen individuell wie unsere Fingerabdrücke. Bevor Sie die Kommunikationswege öffnen können, müssen Sie sich auf Ihre eigenen Zuhörsperren einstellen. Deshalb müssen Sie identifizieren, welche der folgenden Zuhörsperren eine Distanz zwischen Ihnen selbst und Ihren Untergebenen und gleichrangigen Kollegen schaffen:

- Die Unfähigkeit, sich im gegebenen Augenblick zu entspannen und zu konzentrieren.
- Vorgefaßte Ideen und Meinungen.
- Zu viel und zu oft selbst reden.
- Das Nachdenken über mögliche Reaktionen noch während des Kommunikationsprozesses.
- Fehlendes Interesse am Gespräch.

Haben Sie die Fragen 1 oder 2 bejaht, dann achten Sie nicht auf die Bedürfnisse Ihrer Mitarbeiter. Ihre Kommunikationsleitungen sind vielleicht durch Ihre Neigung gestört, zu viel und zu oft zu reden. Bei affirmativer Beantwortung der Frage 3 steht Ihr mangelndes Interesse außer Frage! Kultivieren Sie in Ihrer Abteilung ein Gefühl der Gegenseitigkeit.

Anderenfalls werden Sie als Manager bald so etwas wie der rückwärtige Libero einer Ein-Personen-Mannschaft sein. Bejahung der Fragen 4 oder 5 kann Unfähigkeit zum Entspannen signalisieren, aber auch Unachtsamkeit gegenüber den Problemen der Mitarbeiter. Eine zustimmende Antwort auf Frage 6 ist möglicherweise ein Hinweis darauf, daß Ihre negativen vorgefaßten Meinungen Sie davon abhalten, Veränderungen im Interesse des Unternehmens vorzunehmen. Haben Sie schließlich die Fragen 7 und 8 bejaht, dann sind Sie möglicherweise derart mit eventuellen Reaktionen eines Angestellten auf einen Vorschlag oder eine Rüge beschäftigt, daß Sie vielleicht schon auf Ihre Rolle als Leitfigur Ihrer Angestellten verzichtet haben.

Unfähig zur Entspannung: Lauschen auf den eigenen Streß

Behindern andere Dinge unmittelbar jede Botschaft, die von außen zu Ihnen vordringen will, dann ist es unmöglich, anderen richtig zuzuhören. Lernen Sie, das Zuhören leicht zu nehmen, dann wird es Ihnen auch leicht fallen. Lauschen Sie jedoch zu angestrengt auf die eigenen Befürchtungen, Sorgen und fixen Ideen, dann wird Ihre Kommunikation mit Ihren Untergebenen vielleicht nicht ausreichen und zu spät kommen.

Der geistesabwesende Manager: Der Geist des großen Caesar

Körperlich ist er zwar anwesend und er wird von allen wahrgenommen; geistig ist er jedoch ganz woanders. Der geistesabwesende Manager mag ein organisatorisches Genie oder ein Zauberkünstler im Motivieren sein. Wandern seine Gedanken jedoch im entscheidenden Augenblick in die Ferne, dann werden seine Fähigkeiten ihnen zwangsläufig folgen.

SCHWEIFEN IHRE GEDANKEN VOM AKTUELLEN PROBLEM AB, WERDEN IHRE MANAGEMENT-FÄHIGKEITEN IHNEN ZWANGSLÄUFIG FOLGEN.

Die Botschaft ist transparent

Die geistesabwesende Person am Chefschreibtisch mag zu sehr in Gedanken verloren sein, um zuhören zu können. Das bedeutet jedoch nicht, daß sie aufgehört hat zu kommunizieren. Untergebene können durch sie hindurchsehen — geradewegs ins Herz dessen, was seine Körperhaltung ausdrückt: „Ich bin für Sie jetzt nicht zu sprechen." Von diesem Augenblick an wird dieser Manager fast nur noch zu einer lästigen Erinnerung, beginnen die Untergebenen, ohne ihn zu funktionieren — im Guten oder im Schlechten.

Überbeanspruchung —
Die Fallgrube des gewissenhaften Managers

Jeder Manager, ob gut, schlecht oder gleichgültig, ist von Natur aus ein *Macher.* Die leistungsfähigsten Manager haben große Geschicklichkeit darin erworben, zum rechten Zeitpunkt die rechte Entscheidung zur Lösung eines Problems am Arbeitsplatz zu treffen. Leider wird gerade ein leistungsschwacher Manager oft zum Handeln genötigt, bevor er überlegen kann. Ist jedoch ein solcher Manager von der fixen Idee besessen, dort zu handeln, wo gar kein angemessenes Handeln erforderlich ist, dann ist übermäßige Beanspruchung die Folge.

Wie man übermäßige Beanspruchung vermeidet

Man vermeidet sie, wenn man physisch und geistig zur rechten Zeit am rechten Platz ist. Halten persönliche oder geschäftliche Probleme Sie von wichtiger Arbeit ab, dann nehmen Sie sich einen Augenblick die Zeit, sich auf das Hier und Jetzt zu konzentrieren, und stellen Sie sich selbst die folgenden Fragen:

- Hat dieses Problem mich schon früher einmal beschäftigt? Und wenn ja: Haben besorgte Gedanken darüber zu seiner Lösung beigetragen?

- Ist diese Situation in diesem Augenblick außerhalb meiner Kontrolle? Kann ich in diesem Augenblick etwas tun?

- Welcher Zeitpunkt wäre geeigneter, sich mit dem Problem zu befassen?

Und, last but not least, sollten Sie auf Ihren Schreibtisch blicken und sich fragen:

- Liegt ein aktuelles Geschäftsproblem vor, das gerade in diesem Augenblick von mir erfolgreich gehandhabt werden kann?

EINE KURZFRISTIGE ÜBERBEANSPRUCHUNG IST NICHTS ALS EIN SIGNAL, DASS SIE AUF DEN STRESS UND DRUCK IHRER VERANTWORTUNGSVOLLEN AUFGABEN REAGIEREN.

Der überbeanspruchte Manager:
Lauschen auf die eigenen Ziele

Was wäre denn nun falsch daran, sich ganz auf die eigenen Ziele einzustellen? Bei zu großer Konzentration auf die eigenen Ziele übersehen Sie genau die Ressource, die Ihnen am ehesten helfen kann, diese Ziele zu erreichen — Ihre Mitarbeiter.

NUR WENN SIE AUFHÖREN, AN DAS ZU DENKEN, WAS SIE NICHT KÖNNEN, WERDEN SIE DAS ANPACKEN, WAS SIE WIRKLICH KÖNNEN.

Langfristige Probleme kurzfristiger Ziele

Laura war eine Frau mit höchstem Leistungsniveau, eine Verkaufsleiterin, die ihrer Abteilung bei einer kleinen, nur ein Produkt herstellenden Firma für Elektronik große Anerkennung in der ganzen Branche erworben hatte. Deshalb überraschte es mich nicht, als sie von einer der großen, landesweit operierenden Ladenketten abgeworben wurde.

Und dennoch: Als Laura dort das Steuer in die Hand nahm, gingen die Umsätze zurück. Zwar buchten ihre Handelsvertreter Tausende von Dollars Umsatz für die Hauptprodukte des Unternehmens, doch schienen sie plötzlich außerstande, auch die Nebenprodukte an den Mann zu bringen. Diese Tatsache begann den vorgesetzten Marketingmanager so zu interessieren, daß er an den internen Abteilungskonferenzen teilnahm.

Laura war nach wie vor eine leistungsstarke Angestellte. Ihr Aufgabenbereich hatte sich geändert, ihre Zielsetzung jedoch nicht. Sie hatte große Erfahrung im Vermarkten eines einzelnen Produktes, weshalb der Verkauf der Hauptproduktlinie ihres neuen Unternehmens ihr Ziel geblieben war. Aufgrund dieser Beschränkung ihrer Aufmerksamkeit verdrängte sie die Bedeutung der Nebenprodukte — wobei ihre Intensität ihre Untergebenen, die es an sich besser wußten, so unter Druck setzte, daß diese sich fügten, wenn auch mit Unbehagen.

Kommunikation unter Hochspannung

Stehen die einzigen Kommunikationsleitungen einer Abteilung stets unter Hochspannung — was kann dann der Abteilungsleiter noch erwarten zu hören? Zwar herrscht keine Statik, doch gibt es auch keinen Input; Meinungsverschiedenheiten fehlen, aber auch Kreativität.

Es mag Ihnen scheinen, als seien die Hochspannungsleitungen der kürzeste Weg zu Ihren Zielen, weil Sie die Ziele Ihrer Mitarbeiter umgehen, ohne die Sie jedoch nie ankommen werden.

Formulieren Sie Ihre Zielsetzungen so breit, daß sie jeden Mitarbeiter Ihrer Abteilung einbeziehen; dann werden Sie echten Teamgeist schaffen. Bringen Sie Ihr persönliches Ziel und das der Gruppe auf einen Nenner, dann werden Ihre Untergebenen alles daran setzen, es auch zu erreichen.

Schließlich sollten Sie die Hochspannungsleitungen durch offene Kommunikationsleitungen ersetzen, und zwar durch den täglichen Gebrauch der nachstehenden Werkzeuge:

Entwickeln Sie Routine...

...und machen Sie Kommunikationszeit zu einem wesentlichen Bestandteil des beruflichen Alltags. Verzichten Sie auf Hochspannung und überlegen Sie in Ruhe den Geltungsbereich Ihrer Aufgaben. Dann bauen Sie jede Ihrer Aufgaben realistisch in Ihren Tagesplan ein. Nutzen Sie die Zeit zwischen acht und neun Uhr morgens und fünf und sechs Uhr am Nachmittag, um die mechanischen Arbeiten Ihres Jobs zu erledigen — Abfassen von Berichten, Abzeichnen von Rechnungen, Planungsarbeiten —, so daß Sie während der normalen Arbeitszeit für die Zusammenarbeit und die Kommunikation mit den Angestellten verfügbar sind. Dann werden die Untergebenen zu Partnern und nicht zu Gegnern Ihrer Zielsetzungen.

DIE ENTWICKLUNG VON ROUTINE VERMINDERT DEN STRESS, SICH ERINNERN ZU MÜSSEN.

Machen Sie sich Notizen

Die Hochspannung „erlischt" nicht einfach am Ende des Tages. Die vollkommene Hingabe an Ihre Arbeit kann zu einer doppelten Belastung werden. Im Büro wird sie zur schwersten Behinderung Ihrer Fähigkeit zum Zuhören. Nehmen Sie sie auch noch mit nach Hause, wird sie Ihr Familienleben belasten.

Legen Sie Ihre täglichen Zielsetzungen gewissermaßen zur Ruhe, indem Sie diese auf einem Bogen Papier notieren. Diese simple Handlung enthebt Sie der Verantwortung, Ihre Zielsetzungen dem Gedächtnis anzuvertrauen und dann zu versuchen, sich ihrer Stunde für Stunde, Tag für Tag, zu erinnern. Entlasten Sie Ihren Geist durch Entspannung und setzen Sie Ihre Fähigkeit zum Zuhören frei, am Arbeitsplatz und zu Hause.

Der überlastete Manager: Lauschen auf die Ängste

Wovor fürchtet sich eigentlich der überlastete Manager? Wenn Sie ihn fragen, wird er antworten, er wisse es nicht. Ist das nur eine Ausrede? Keineswegs. *Nicht zu wissen* ist genau das, wovor er Angst hat.

Vergangenheit, Gegenwart

Nach neueren wissenschaftlichen Studien verbringen wir Menschen über sechzig Prozent unserer Zeit damit, uns vor einer Zukunft zu sorgen, die erst noch kommen muß, während wir zwanzig Prozent der Zeit damit vergeuden, eine Vergangenheit wiederzukäuen, an der nichts mehr zu ändern ist. Nur während der verbleibenden zwanzig Prozent befassen wir uns wirklich mit Gegenwartsproblemen. Wenn nun jeder Mann, jede Frau und jedes Kind achtzig Prozent ihrer Energien darauf verwenden, sich über Situationen Sorgen zu machen, die entweder schon vorbei sind oder vielleicht nie eintreten werden: Kann es uns dann wundern, wenn die Sorge eines Managers vor dem Unbekannten zu einem der schwersten Hindernisse für wirkliches Zuhören wird?

Die ungewisse Zukunft

Obwohl der ständig besorgte Manager aufgrund seiner Position eigentlich für Veränderungen aufgeschlossen sein sollte, sind diese Veränderungen oft genug die Ursache seiner Besorgnis. Die Zeiten können sich ändern und die volkswirtschaftliche Entwicklung nachteilig beeinflussen: Sein Unternehmen kann sich mit der Zeit wandeln und dabei seinen persönlichen Status verändern. Und wenn sein beruflicher Status sich ändert — wie wird sich das auf sein Privatleben auswirken?

Kurzfristige Sorgen sind ein normaler Bestandteil des Lebens. Sie sind nichts weiter als ein Signal, daß der Mensch auf den Druck und Streß seiner verantwortungsvollen Aufgaben reagiert. Wird Besorgnis jedoch zu einem inneren Zwang, zu einer automatischen Reaktion auf Reize aller Art, dann kann sie auch zu einem rund um die Uhr wirksamen Sperriegel für die Fähigkeit zur Aufnahme und Verarbeitung von Informationen werden.

„Streß — einfach weiterreichen"

Dies ist die Botschaft, die ein stets überbeanspruchter Manager seinen Untergebenen kommuniziert — und auch allen anderen, die mit seiner Abteilung zu tun haben. Wer auf dieses Verhalten stößt, hat das Gefühl, gegen eine Mauer anzurennen.

Eines Morgens begann ich meine Firmenberatung routinemäßig. Zusammen mit den jeweils zuständigen Managern machte ich eine Runde durch alle Abteilungen der riesigen Firma für die Verarbeitung von Nahrungsmitteln. Ich begegnete Jacob vor dem Eingang zum Inventar-Kontrollraum, wo er tiefsinnig auf den Boden starrte. Als ich zu ihm trat, reichte er mir eine feuchte Hand, stammelte seinen Namen und geleitete mich durch die Tür.

War der Manager nur die Spitze des Eisbergs, so war die übrige Abteilung ein Gletscher. Sobald wir uns den einzelnen Arbeitsplätzen näherten, wandten die Angestellten sich ihrer Arbeit zu. Es gab keine Begrüßung, niemand wurde vorgestellt und es wurden keine Fragen gestellt.

Später bat ich Jacob um eine kurze Aufzählung der Probleme seiner Abteilung. „Wir haben hier keine Probleme", antwortete er und vermied dabei jeden Augenkontakt. „Haben die Mitarbeiter vielleicht Interesse für zeitsparende Technologien geäußert, etwa Computer?“ „Das haben sie *nicht*“, erwiderte Jacob mit solchem Nachdruck, daß ich merkte, sie würden es einfach nicht wagen. Dann reichte er mir die Hand: „Sollten Sie sonst noch Fragen haben, bitte lassen Sie es mich wissen.“

Ich würde jedoch keine mehr haben. Das Echo in der ganzen Abteilung auf seine ständige Haltung der Überbeanspruchung hatte mich mehr gelehrt, als er mir jemals hätte erzählen können.

Kommunikationsbarrieren überwinden

Oft macht unsere Unfähigkeit zur Entspannung andere ebenfalls nervös. Genauso kann unsere Angst vor einem offenen Dialog andere veranlassen, ebenso zu reagieren.

Führt ängstliche Besorgtheit dazu, daß Ihre Untergebenen auf Distanz zu Ihnen gehen, dann entfernt sie Sie auch von Ihren Zielen. Obwohl keine der folgenden Übungen Besorgnisse ausschalten kann, werden sie Ihnen doch helfen, sie zu überwinden, und Ihnen die Freiheit verschaffen, die vermißte Kommunikation aufzunehmen und nützlich zu verwerten.

IHRE UNFÄHIGKEIT SICH ZU ENTSPANNEN MACHT ANDERE OFT NERVÖS.

Furcht: Der gemeinsame Feind

Anführer werden nicht zu Helden, weil sie furchtlos sind, sondern weil sie die Furcht überwinden. So ängstlich wie Sie sind auch Ihre gleichrangigen Kollegen und Ihre Untergebenen. Die Furcht als gemeinsamen Feind anzusehen, wird Sie in die Lage versetzen, andere so zu behandeln, wie Sie selbst behandelt zu werden wünschen, sie auf sanfte Art, ohne Druck oder Einschüchterung gesprächig zu machen. Machen Sie die gemeinsame Furcht zu einem gemeinsamen, verbindenden Band, und die Kommunikation wird reibungslos fließen.

Das Szenario des schlimmsten Falles

Von einem Manager stammt folgende Einsicht zum Thema „das Undenkbare denken“:

> Schon Monate vor dem endgültigen Abschluß des Vertrages hörte man Gerüchte über die Übernahme der Firma durch ein anderes Unternehmen. Ich muß offen zugeben, daß eines Tages der Punkt erreicht war, an dem die Ängste über die Sicherheit meines Arbeitsplatzes mich davon abhielten, meinen Job ordentlich zu versehen. Wenn ich heute darüber nachdenke, so war das für die Sicherheit meines Jobs nur noch *schlimmer.* Wochenlang sorgte ich mich darüber, was passieren *könnte* — bis ich mich eines Tages hinsetzte und das Undenkbare dachte. Was wäre denn das Schlimmste, was geschehen *könnte?* Ich könnte meine Stellung verlieren. Und wenn es dazu käme? Meinen jetzigen Job hatte ich doch auch bekommen, oder nicht? Meine Moral besserte sich um hundert Prozent. Übrigens — heute bin ich immer noch bei der alten Firma beschäftigt.

Niemand kann gegen das Unbekannte ankämpfen. Macht man jedoch den Gegner zu einer bekannten Quantität, dann wird die namenlose Furcht zu einer Herausforderung. (Übrigens haben Studien ergeben, daß fünfzig Prozent der Angestellten, die aufgrund organisatorischer Veränderungen ihren Arbeitsplatz verlieren, verantwortungsvollere und besser bezahlte Jobs in einem anderen Unternehmen finden. Das ist das *realistische* Szenario des schlimmsten Falles!)

Die Einschüchterungskette zerbrechen

Managt Ihr Vorgesetzter mittels Einschüchterung, dann ist er ebenso unter Streß, unsicher und nervös wie Sie. Das mag ein billiger Trost sein für jemanden, der es täglich mit einem Bürotyrannen aufnehmen muß. Doch werden Ihre Fähigkeit zum Zuhören und Ihr neues Wahrnehmungsgefühl Ihnen bald die Oberhand verleihen. Einschüchterung ist ein Phänomen von kurzer Lebensdauer, das letzten Endes durch Erziehung und Fähigkeit zur Wahrnehmung einer Situation überwunden wird. Die Ängste Ihres Chefs blockieren seine Lernfähigkeit, jedoch nicht Ihre.

MAG SEIN, DASS SIE DAS SPIEL SCHON EINMAL GESPIELT HABEN: DOCH VERGEWISSERN SIE SICH, DASS DIE SPIELREGELN SICH INZWISCHEN NICHT GEÄNDERT HABEN.

Vorgefaßte Ideen und Meinungen: Lauschen auf Ihr Ego

Mehr als zwei Jahre lang war ich der Vorgesetzte einer Gruppe von gut geschulten Elektrikern, Maschinisten und Schweißern. Ich besaß wenige oder gar keine Fachkenntnisse von ihrer Tätigkeit, doch akzeptierten alle meine fachlichen Grenzen und kooperierten auf folgender Grundlage: Ich sorgte für die von ihnen benötigten Werkzeuge und Ausrüstungen, die anderen arbeiteten nach bestem Können.

Innerhalb weniger Wochen blühten Arbeitsmoral und Zuverlässigkeit auf. Unsere täglichen kurzen Besprechungen über die Tagesziele und eventuellen Einwände wurden zu einem Forum, auf dem meine Arbeiter nicht nur die Verantwortung für ihre Aufgaben übernahmen, sondern auch stolz auf die gemeinsam geleistete Arbeit waren.

Als ich zu einer anderen Abteilung versetzt wurde, erhielt meinen Job ein sehr kompetenter Ingenieur, dessen Erfahrungen ihm eine ausgezeichnete Kenntnis der Funktionen seiner Untergebenen verschafft hatten. Und doch ließen Arbeitsmoral und Produktivität innerhalb von sechs Monaten nach. Ich fragte den Vorarbeiter nach dem Grund.

„Wissen Sie, warum die Kollegen unter Ihnen so viel mehr geleistet haben? Weil Sie ihnen freie Hand ließen, ihren Job nach besten Kräften auszuführen.“ Der neue Manager sei ein hemdsärmeliger Vorgesetzter mit sehr bestimmten Vorstellungen davon, wie ein bestimmter Arbeitsvorgang auszuführen sei. Seine vorgefaßten Ansichten und seine Unfähigkeit, für Anregungen anderer offen zu sein, nahmen den Männern das Verantwortungsgefühl. Daraufhin verloren sie ihrerseits die Lust, gute Leistungen zu erbringen.

Die Falle des Altbekannten

Oft werden wir mit einer Situation konfrontiert, die als solche nicht neu ist, sondern bis zu einem gewissen Grade die Neuauflage einer früheren Erfahrung. Und doch hört unsere Suche nach Abweichungen von ihr in dem Augenblick auf, in dem wir irgendeine Ähnlichkeit erkennen. Unser Verstand steckt das Geschehen sofort in eine bestimmte Schublade und löst eine Reaktion aus, die aufgrund einer früheren Erfahrung als richtig angesehen wird. Und das ist dann der Punkt, an dem die „Falle des Altbekannten" in Erscheinung tritt.

Wo endet diese Falle? Beurteilt ein Manager einen Angestellten voreilig aufgrund seiner Kenntnis eines früheren Angestellten, dann endet sie mit einem Personalproblem. Ist der Manager ein Mann, der „das alles schon mal mitgemacht hat", jemand, der fest davon überzeugt ist, alles besser zu wissen als seine besten Facharbeiter, dann kann die Sache mit einem Kommunikationsproblem enden. Und wenn ein Manager einseitige Entscheidungen aufgrund eigener „Erfahrung" trifft, ohne die Mitarbeiter um Rat zu fragen, dann kann das mit einer Krise der ganzen Abteilung enden.

„Das habe ich alles schon mal gehört"

Der Manager, der so etwas behauptet, wird nicht viel Input seiner Untergebenen zu hören bekommen. In dem Augenblick, in dem er ihnen seine Ohren verschließt, schließt er auch die Tür zur Kommunikation.

Ein offenes Ohr haben

Der Geist gleicht einem Fallschirm; er funktioniert nur, wenn er offen ist. Verschlossenheit gegenüber Anschauungen anderer ist oft das Ergebnis von Unsicherheit. Die meisten Manager machen die Erfahrung, daß auch die kleinste Anregung zu einem freien Dialog mit Untergebenen deren Neugier reizt. Je mehr sie wissen, desto mehr wollen sie wissen.

Folgende Anleitung kann ein erster Schritt zum Durchbrechen der Schranke vorgefaßter Ideen sein: Versuchen Sie einmal, ob Ihre Angestellten Ihrem Bemühen um Kommunikation nicht auf halbem Wege entgegenkommen.

DER GEIST GLEICHT EINEM FALLSCHIRM:
ER FUNKTIONIERT NUR, WENN ER OFFEN IST.

Was ist neu?

Für den Manager, der den in seinem Büro verfügbaren Strom von Informationen anzapft, alles! Sobald richtiges Zuhören beginnt, blüht Kreativität auf. Neue Ideen, neue Lösungen, neue Perspektiven werden in Hülle und Fülle vorgebracht.

Hat man Sie eben erst auf Ihren Job befördert oder neu eingestellt, dann konzentrieren Sie sich auf *die Unterschiede* zwischen der neuen Position und dem vorherigen Job, um eventuell mit vorgefaßten Ideen aufzuräumen. Gehören Sie schon lange zur Abteilung, dann frischen Sie Ihre Perspektiven auf, indem Sie einen Tag lang dem Geschehen um Sie herum größte Aufmerksamkeit widmen. Wie haben Ihre Pflichten sich gegenüber der Zeit vor einem Jahr verändert, ausgeweitet oder eingeengt? Welche Veränderungen haben Ihre Mitarbeiter festgestellt? *Fragen Sie diese* — ihre Antworten werden nicht nur Ihr Gefühl des „Neuseins" bestätigen, sondern auch einen Prozeß in Gang bringen, der stetige Erneuerung bewirkt — den Prozeß des Zuhörens.

EIN MANAGER MIT VORGEFASSTEN IDEEN WIRD
BALD ÜBERHAUPT KEINE IDEEN MEHR HABEN.

Nicht was, sondern wen Sie kennen, ist wichtig

Wen im Betrieb kennen *Sie,* der Ihnen Auskunft geben kann, wie jedes Ausrüstungsstück in Ihrer Abteilung funktioniert, von der Xerox-Maschine bis zum Flaschenöffner?

Schieben Sie Ihre vorgefaßten Meinungen von Ihrer eigenen vermeintlich grenzenlosen Sachkenntnis beiseite und lernen Sie die Einzelpersonen kennen, die jede kleinste Facette der Abteilung am besten kennen — Ihre Angestellten. In den Ohren Ihrer Angestellten klingen am angenehmsten jene offenbleibenden Fragen, die ihnen das Gefühl geben, respektiert und gebraucht zu werden. Nehmen Sie sich die Zeit, die hauseigenen Fachleute zu befragen, wie nach *deren* Meinung Ihr Team die Produktion verbessern oder ein Problem lösen könnte. Und *hören Sie genau zu,* wenn sie sich dazu äußern! Öffnen Sie Ihren Geist und lassen Sie dem Potential Ihrer Abteilung freien Lauf. Wer das Zuhören aufgibt, hört auch auf zu lernen. Sobald Sie aufhören, Ihren Leuten zuzuhören und sie zu Inputs zu ermuntern, verzichten Sie auf das Recht, Ihre Untergebenen für deren Leistung verantwortlich zu machen.

NICHT WAS, SONDERN WEN SIE KENNEN, IST WICHTIG. LERNEN SIE JENE EINZELPERSONEN KENNEN, DIE JEDE FACETTE IHRER ABTEILUNG AM BESTEN KENNEN – IHRE ANGESTELLTEN.

Zu viel und zu oft reden: Lauschen auf die eigenen Bedürfnisse

Es ist eine Binsenwahrheit: Während wir reden, können wir nicht zuhören. Wir sind mit zwei Ohren und einem Mund ausgestattet. Der kluge Manager wird diese Tatsache dazu nutzen, sich stets der wirksamsten Relation zwischen Reden und Zuhören zu erinnern.

Warum wir so viel reden

Der Grund, warum Sie als Manager heute vielleicht zu viel reden, ist derselbe, aus dem Sie Ihre ersten Worte von sich gaben. Man wird dazu verleitet, überredet, ja selbst angebettelt, etwas zu sagen. Denn was Sie sagen, hat die Kraft, Ihnen selbst und anderen ein gutes Gefühl zu geben.

„Ich bin hier"

Jeder von Ihnen gesprochene Satz, gleich welchen Inhalts, verkündet Ihre Anwesenheit. Selbst wenn Sie den belanglosesten Satz aussprechen, klopfen Sie sich damit selbst dafür auf die Schulter, daß Sie am Leben sind. Geben Sie einen Monolog über Ihre jüngsten Leistungen von sich und Sie haben — zumindest für sich selbst — Ihren Status unter den „Besitzenden" der Welt etabliert.

In einigen Gesellschaftskreisen, in denen der soziale Aufstieg nicht ein zufälliges Ereignis, sondern eine Notwendigkeit ist, gilt die Qualität der Worte als Hinweis auf die Qualität des Lebens, der Bildung und des Geistes.

Unser menschlicher Drang zu reden befriedigt unser Bedürfnis, die ganze Welt davon zu unterrichten, daß wir eingetroffen sind, soeben eintreffen oder erwarten, in Zukunft einzutreffen.

„Wie ich schon sagte"

Das Verlangen, *zu* und nicht *mit* anderen Menschen zu sprechen, kann auf Nervosität, Unsicherheit und manchmal auch auf Schuldgefühle zurückgeführt werden. Jede Besorgnis, die der Sprechende vielleicht darüber empfindet, welches Image ein anderer von ihm hat, zwingt ihn, gefühlsmäßige Distanz zu wahren. Seine Kommunikation wird zunehmend einseitiger, bis er schließlich nur noch zu sich selbst spricht.

EIN JEDER VON UNS IST MIT ZWEI OHREN UND EINEM MUND AUSGESTATTET – WAS UNS STETS DARAN ERINNERN SOLLTE, DASS WIR ZWEIMAL SOVIEL ZUHÖREN WIE REDEN SOLLEN.

Lernen, die Muttersprache anderer zu sprechen

Ich war zweiundzwanzig Jahre jung und soeben vom College gekommen, als ich meinen ersten Job als Vorarbeiter in einer Weißwarenfabrik antrat. Natürlich war ich darauf bedacht, meine Fähigkeiten unter Beweis zu stellen und mich als Manager zu bestätigen. Leider war ich so übereifrig, daß ich begann, *zu* und nicht *mit* meinen Untergebenen zu sprechen, alles Frauen mittleren Alters.

Wie in so vielen Büros und Fabriken war das Dienstalter eines Mitarbeiters auch in meiner Nähstube ein wichtiger Faktor. Nachdem ich meine ersten neuen Direktiven schriftlich fixiert hatte, wollte ich sie daher der Arbeiterin erläutern, die lange genug im Betrieb war, um damit auf ihre Kolleginnen Eindruck machen zu können. Es war eine Frau mit dem Spitznamen Dicke Helen.

Als ich zu ihr trat, begrüßte sie mich mit „Hello, Kevin". Das gefiel mir. Hier war offensichtlich eine Frau, die ehrlich gewillt war, trotz des zwischen uns bestehenden Altersunterschiedes von dreißig Jahren meinen Input freudig anzunehmen. Dementsprechend ermutigt, erläuterte ich ihr meinen Plan, wie die Nähstube künftig arbeiten sollte. „Okay, Kevin!“, antwortete sie und eilte zurück zu ihrem Arbeitsplatz, um, wie ich *glaubte,* meine neuen Erkenntnisse in die Tat umzusetzen. Und dennoch — am Nachmittag stellte ich fest, daß alles nach dem alten Schema getan wurde. Also beschloß ich, nochmals mit der Dicken Helen zu reden.

Ich fragte Helen weder nach ihrer Meinung noch danach, ob sie Fragen habe, die die Verwirklichung meiner Anweisungen vielleicht verhindert hatten, sondern wiederholte nur meine Ideen über die Umorganisation der Nähstube. „Okay, Kevin!“, antwortete Helen, drehte sich um und marschierte schnurstracks zu ihrem Platz.

Als ich sie bald danach im Gespräch mit Kolleginnen sah, nahm ich das als gutes Zeichen. Und dennoch: Am folgenden Morgen lief die Nähstube zwar wieder auf vollen Touren, nur nicht so, wie ich es angeregt hatte. Gegen Mittag bat ich meinen Vorgänger um Rat.

„Ich scheine da ein kleines Personalproblem zu haben“, begann ich. Als ich ihm dann meine Begegnungen mit der Dikken Helen schilderte, konnte er kaum ein breites Lächeln unterdrücken.

„Was sollte Helen denn tun?“, fragte er. Ich erläuterte kurz meinen Plan.

„Dann sollten wir es ihr lieber auf Polnisch erklären. Denn die einzigen englischen Worte, die sie kennt, sind „Hello, Kevin“ und „Okay, Kevin.“

Es gab keinen Zweifel. Meine Nerven und mein Übereifer hatten mir einen Streich gespielt. Meine Manager„taubheit“

wurde durch meine Unfähigkeit deutlich, selbst die grundlegendsten Daten über meine Untergebenen wahrzunehmen. Zu viel und zu oft reden, hat in *jeder* beliebigen Sprache dieselbe Wirkung.

Der Zuhörer als unbewegliches Ziel

Spricht jemand, ohne auf sich selbst oder andere zu hören, dann kommuniziert er unmittelbar aus seinem Ego. Es gehört zu seinem System, sein Image aufzubauen, daß er sich seine Zuhörer wie eine feste Zielscheibe hinstellt und ihnen sagt, was sie seiner Ansicht nach hören wollen. Die Zuhörer nehmen das sofort dankbar auf und zeigen sich plötzlich sehr interessiert an dieser Einbahnstraße der Unterhaltung, woraufhin sie sich ermuntert fühlen, ihrerseits ebenso zu verfahren. Diese Art von nur oberflächlich befriedigendem Gedankenaustausch kann endlos fortgesetzt werden, oft mit verheerenden Folgen.

Bill, Leiter der Werbeabteilung eines großen Rundfunksenders, war sehr stolz auf seine Überzeugungskünste. Seine geradezu unheimliche Fähigkeit, potentielle Kunden von den Vorteilen der Rundfunkwerbung zu überzeugen, hatte ihn in nur drei Jahren vom Assistenten zum Abteilungsleiter befördert.

Nun jedoch war seine Position gefährdet, weil die Leistung seiner Abteilung alles andere als hervorragend war. Um sein Ego zu befriedigen, frisierte Bill die Zahlen in seinem Interesse und dem seiner Mannschaft. Er meldete, die Einnahmen seien noch nie so hoch gewesen. Es war keine Lüge, wirklich nicht. Bill war der festen Überzeugung, er werde mit seinen Fähigkeiten als Manager die Abteilung wieder in Schuß bringen. Und das war dann auch der Grund, warum er selbstsicher nach oben meldete, die Abteilung arbeite erfolgreich — und die Gehälter seiner Leute um 25 Prozent anhob.

Die Untergebenen waren verwirrt, wußten sie doch, daß die Geschäfte keineswegs blühten. Und doch hatte ihr Manager sie der ganzen Organisation als Vorbild hingestellt. Bill sagte ihnen, was sie gerne hörten. Da war das wenigste, was sie tun konnten, ihm ihrerseits nach dem Mund zu reden.

Eine Zeitlang versuchten Bill's Leute tatsächlich, wieder an ihre alten Verkaufserfolge anzuknüpfen. Als das nicht klappte, gab es nur eine Alternative — sie begannen Bill einzureden, sie seien sehr erfolgreich. Als am Monatsende Bilanz gezogen wurde, war die Erfolgsrate der Abteilung stark abgesackt. Bill's Leute wurden entlassen; er selbst erhielt Bewährung.

Hätte Bill die Leitungen ehrlicher Kommunikation offen gehalten, dann hätten ihm seine Angestellten Lösungen für ihre Verkaufsprobleme vorschlagen können. Ein Manager jedoch, der nur auf sein Ego hört und es versäumt, sich selbst gegenüber ehrlich zu sein, nötigt seine Mitarbeiter zu beschränkten Reaktionen.

WENN WIR ZU UND NICHT MIT ANDEREN MENSCHEN SPRECHEN, IST ES, ALS SPRÄCHEN WIR ZU UNS SELBST.

Reden Sie selbst zu viel?

1. Gehört eine der folgenden Redensarten zu Ihrem Repertoire?

   — Hören Sie mir eigentlich zu?
   — Haben Sie gehört, was ich gesagt habe?
   — Jetzt hören Sie mal, was ich Ihnen sagen werde.
   — Das müssen Sie jetzt wirklich hören.
   — Nun hören Sie mal!
   — Also, ich muß doch sehr um Aufmerksamkeit bitten.

2. Bitten Ihre Klienten, Kunden und Untergebenen Sie oft, Ihre Bemerkungen und Anweisungen zu wiederholen?

3. Merken Sie, daß Sie andere unterbrechen, oder neigen Sie dazu, Ausführungen anderer mit Ihren Gedanken oder Ideen zu unterbrechen?

4. Sie unterhalten sich mit jemandem, der langsam und nachdenklich spricht. Merken Sie, daß Sie seine Äußerungen selbst zu Ende führen, um Zeit zu sparen?

Schweigen, der große Kommunikator

Haben Sie die Frage 1 mit Ja beantwortet, dann beweist das Ihre Unfähigkeit, die Aufmerksamkeit Ihrer Klienten und Untergebenen zu erwecken.

Reden kann billig sein. Füllt jedoch ein Manager den Arbeitsraum mit dem Klang seiner Stimme, dann wird reden schlechterdings wertlos. Wer sich auf Redewendungen verläßt wie „Hören Sie mir eigentlich zu?“ oder „Das müssen Sie jetzt wirklich hören“, um seine wichtigen Mitteilungen von seinem belanglosen Geschwätz zu unterscheiden, der redet so laut, um sein eigenes Blabla zu übertönen.

Denken Sie daran, daß Schweigen oft die wirksamste Methode ist, besonders laut zu schreien.

Wie man eine Mitteilung entziffert,
die wie Schnellfeuer übermittelt wird

Müssen andere Sie bitten, Ihre Mitteilungen zu wiederholen, dann kann man daraus schließen, daß Sie zu laut, zu schnell *und* zu oft reden. Empfinden Sie das Bedürfnis, Ihren Standpunkt schnell darzulegen, dann nehmen Sie vielleicht unbewußt an, der Zuhörer möchte Ihnen ausweichen — womit Sie Recht haben könnten! Der Empfänger Ihrer wie Schnellfeuer losgelassenen Mitteilung kann sich als Zielscheibe einer Maschinengewehrgarbe fühlen — und niemand mag einen Schreier.

Beginnen Sie zu spüren, daß Ihr Zuhörer nach einem „Notausgang“ sucht, wird es Zeit, an ihn eine Frage zu stellen. Ermuntern Sie ihn, sich an einer zweigleisigen Unterhaltung zu beteiligen. Dann wird sein Interesse sich erneuern und damit auch die Möglichkeit zu echter Kommunikation.

Jemanden unterbrechen: Tod eines jeden Gesprächs

Haben Sie die Fragen 3 oder 4 affirmativ beantwortet, dann sind Sie wahrscheinlich in diesem Augenblick dabei, auch diesen Satz an meiner Stelle zu Ende zu führen.

Selbst den besten Kommunikatoren fällt es manchmal schwer, langsam und nachdenklich sprechenden Gesprächspartnern zu erlauben, ihre Sätze selbst zu Ende zu bringen. Unser humanitärer Instinkt drängt uns, ihnen nachzuhelfen und das endgültig zu formulieren, von dem wir *ganz sicher sind,* daß sie es sagen wollen. Damit möchten wir lästige Gesprächspausen ausschalten. Aber: Eine solche Unterbrechung behindert nicht nur Ihre Fähigkeit zum Zuhören, sie zerstört auch den Wunsch des Gegenübers, mit Ihnen zu kommunizieren, frustriert ihn und schafft eine Rivalität um den zentralen Platz auf der Bühne, die *nicht* gewonnen werden kann.

Das Unterbrechen-Spiel: Machtspiel des Managers

Es gehört zu den Aufgaben eines Managers, die Energien seiner Abteilung zu kontrollieren und zu lenken. Gibt Ihr Wunsch nach Kontrolle Ihren Untergebenen jedoch das Gefühl, nur Schachfiguren zu sein, dann spielen Sie ein Spiel, das die Betriebsmoral zerstört, den Teamgeist unterminiert und die Kommunikation einfach abwürgt. Kurz gesagt: *Sie* sind derjenige, der dabei verliert.

„Ich weiß das alles schon — und noch mehr!“
Der abschließende Schachzug

In einer Textilfabrik erlauschtes Gespräch.

„Es gibt gute Nachrichten, Boß“, sagt der Vorarbeiter.

„Ich weiß schon, was Sie sagen wollen“, antwortet der Manager. „Die Produktion ist um zwanzig Prozent gestiegen.“

„Oh, das wissen Sie schon? Tut mir leid, daß ich Sie belästigt habe.“

Der Manager mag diese kleine Schlacht für sein Geltungsbedürfnis gewonnen haben; den Krieg hat er jedoch verloren. Der Vorarbeiter dürfte seine Genugtuung über die erzielte Leistung nicht noch einmal dem Ego des Managers opfern, aber auch keine weiteren Informationen mehr anbieten. Dem Manager mag es gelungen sein, dem Arbeiter Worte in den Mund zu legen; doch dürfte er von nun an nur noch sich selbst zuhören.

WER ÄUSSERUNGEN ANDERER SELBST ZU ENDE BRINGT, SCHWÄCHT DEREN WUNSCH, SICH MITZUTEILEN.

Mund auf — Essen rein

Je mehr Sie sprechen, desto mehr Fehler werden Sie vermutlich machen. Die Unterhaltung zwischen dem Manager und dem Vorarbeiter hätte ja auch folgendermaßen verlaufen können.

„Es gibt gute Nachrichten, Boß.“

„Ich weiß schon, was Sie sagen wollen. Die Produktion ist um zwanzig Prozent gestiegen.“

„Nicht ganz — aber sie ist *nur* um fünfzehn Prozent gesunken. Übrigens Mr. Johnson, Ihr Vorgesetzter läßt ausrichten, Sie sollen in sein Büro kommen, sobald Sie Zeit dafür haben.“

Es ist nur eine Frage der Zeit, bis der Manager, der anderen immer wieder das Wort aus dem Munde nimmt und sie unterbricht, einen Narren aus sich macht. Argumente des anderen vorweg zu erraten, bringt nie etwas, nicht einmal, wenn man richtig rät.

DER MANAGER, DER EINE SCHLACHT UMS BESSERWISSEN GEWINNT, KÖNNTE AM ENDE DEN KRIEG VERLIEREN.

Unterbrechen eines schüchternen Untergebenen

Legen Sie einem von seiner Leistung überzeugten Angestellten Worte in den Mund, dann können Sie zwar den Kommunikationsprozeß zerstören, lassen jedoch das Ego des anderen intakt. Unterschieben Sie jedoch Ihre Gedanken einem schüchternen Angestellten oder Stotterer, dann verstärken Sie noch das Problem, das Sie in erster Linie dazu verleitet hat, ihn zu unterbrechen.

Neigen Sie zu Ungeduld bei einem Gespräch mit einem schüchternen Untergebenen oder Stotterer, dann pressen Sie die Lippen zusammen — und setzen dann einen neuen Gesprächstermin an einem anderen Tag fest. Wer seinem inneren Drang nachgibt, die mühselig vorgetragenen Erklärungen eines anderen abzuwürgen, der würgt ein für alle Male die Kommunikationsmöglichkeiten ab.

Bruch mit der Gewohnheit: Wie man richtig unterbricht

Ersparen Sie dem Gesprächspartner Ihre störenden Worte, sonst verderben Sie die Kommunikation. Die folgenden Hinweise können behilflich sein.

Punkte und Fragezeichen auch in der freien Rede

Jede verbale Mitteilung enthält auch *hörbare* Zeichensetzung. Bleiben Sie stumm, bis Sie die abschließende Pause hören. Das Abwarten wird Ihnen und dem Kommunikationsprozeß gut tun, Ihnen genug Zeit geben, die Mitteilung richtig aufzunehmen und die angemessene Antwort zu finden.

Ein Glas Wasser — die erfrischende Pause

Ist Ihr innerer Drang, andere zu unterbrechen, stärker als Ihr Wille, ihm zu widerstehen, dann beschäftigen Sie Ihren Mund. Haben Sie bei Gesprächen mit Klienten oder Untergebenen ein Glas Wasser vor sich stehen. Nippen Sie daran, während die anderen sprechen, und geben Sie ihnen damit Zeit, ihre Mitteilung vollständig anzubringen. Sie verzögern damit Ihren Impuls, das Gespräch ganz an sich zu reißen.

Zählen Sie bis drei — sobald Ihr Gesprächspartner seine Ausführungen beendet hat. Diese Zeitspanne verschafft Ihnen nicht nur die Gewißheit, daß der andere nichts mehr hinzufügen will, sondern gestattet Ihnen auch, Ihre Gedanken zu sammeln und Ihre Antwort zu organisieren.

GEDULD IST EIN WICHTIGER BESTANDTEIL JEDER KOMMUNIKATION.

An die Antwort denken während des Kommunikationsprozesses: Das Anglerlatein-Syndrom

Gehört es zu Ihrem Kommunikationsstil, auf bestimmte Gesprächsfetzen wie auf einen Konversationsköder anzubeißen, dann können Sie vielleicht dem Anglerlatein-Syndrom aufsitzen, dem Piranha guten Zuhörens.

Eine genaue Reaktion auf die Mitteilung eines anderen ist eine Reaktion auf seine *totale* Kommunikation. Man reagiert nicht nur auf den sachlichen Inhalt der Mitteilung, sondern auch auf deren Tonfall, emotionalen Gehalt und den Kontext der Situation. Der Manager jedoch, der dem Anglerlatein-Syndrom zum Opfer fällt, wartet nicht lange genug, um die vollständige Kommunikation aufzunehmen. Stattdessen schnappt er nach dem ersten Konversationsköder, der ihm hingehalten wird. Dabei fängt er jedoch nur ganz kleine Kommunikationsstückchen, so klein, daß sie zurückgeworfen werden — auf den verwirrten Sprecher.

Von der Angel losgerissen

Von Zeit zu Zeit begleitete ich meine Handelsvertreter bei ihren Kundenbesuchen. Das gab mir die Möglichkeit, ihre Interaktion mit den Kunden zu beobachten und die Stärken und Schwächen meiner Abteilung vor Ort zu überprüfen.

Gleich nachdem er das Büro der Einkäuferin einer großen, landesweit tätigen Firma betreten hatte, bemerkte mein Verkäufer eine Tennistrophäe auf der Anrichte. Voller Stolz erläuterte die Einkäuferin, das sei die erste Trophäe, die sie gewonnen habe, und sie sei besonders stolz darauf, daß dies schon im ersten Jahr geschehen sei, in dem sie mit dieser Sportart begonnen hatte.

Statt ihr einfach zu gratulieren, begann mein Verkäufer mit einem endlosen Monolog über Trophäen, die *er* gewonnen hatte. Ich hustete, ich räusperte mich. Dann bemerkte ich, wie die Dame ihre Trophäe wieder auf ihren Standort stellte und seufzte. Nach weiteren drei Minuten war der Besuch vorbei, und wir hatten den erhofften Auftrag verloren.

Wie interpretierte mein Angestellter die Kommunikation? Er war verwirrt. Da er aufgehört hatte zuzuhören, sobald er entdeckte, daß er und die Einkäuferin ein gemeinsames Hobby hatten, glaubte er, der Besuch sei erfolgreich gewesen. Er war so sehr damit beschäftigt, ihr sein Anglerlatein zu erzählen, daß er gar nicht merkte, daß der große Fisch sich von der Angel losgerissen hatte und davongeschwommen war.

WER GESCHICHTEN ANDERER GUT ZUHÖRT, GEWINNT WERTVOLLE EINBLICKE IN IHREN CHARAKTER.

Ein vertrauter innerer Drang

Das innere Drängen, anderen Ihre Geschichte zu erzählen, kann so mächtig werden, daß es Ihre Fähigkeiten blockiert, auf etwas zu hören, was über die Mitteilung hinausgeht, die Ihre Erinnerung geweckt hat, und so tief sein, daß es jede Möglichkeit weiterer Kommunikation begräbt. Nur wer diesem, jedem von uns vertrauten inneren Drang widersteht, kann den zweigleisigen Informationsstrom anzapfen. Nur wer sein Verlangen verdrängt, sich unbedingt Gehör zu verschaffen, kann wirklich beginnen zuzuhören.

Vermeiden Sie das Anglerlatein-Syndrom

Ihr Gesprächspartner ist Mensch wie Sie, mit genauso viel oder so wenig Interesse an Ihrem Anglerlatein wie Sie an seinem. Befolgen Sie die nachstehende Strategie, damit Sie nicht in diesen tiefen Wassern versinken. Dann können Sie sich darauf einstellen, wonach Ihr Kunde oder Angestellter *tatsächlich* angelt.

Denken Sie stets an den Zweck des Gesprächs

Verspüren Sie den inneren Drang, Ihren Gesprächspartner in den Genuß einer „verbesserten Version" der Geschichte kommen zu lassen, die er gerade erzählt, dann *halten Sie ein* und denken Sie an den Zweck Ihres Besuches. Jeder der Gesprächspartner erscheint zu einer geschäftlichen Verabredung mit spezifischen Zielsetzungen und Wünschen. Welches sind die Wünsche Ihres Partners? Will er mit dem, was er Ihnen erzählt, nur Ihre Zielsetzungen verwässern, oder überspielt er damit nur eigene Befangenheit? Nehmen Sie sich einen Augenblick Zeit, das Szenario klarzustellen; dann werden Sie merken, daß Ihr Anglerlatein nicht so wichtig ist wie der eigentliche Anlaß für dieses Gespräch.

Konzentrieren Sie sich auf das Thema, nicht auf die Handlung

Jede Geschichte hat ihre Moral. Finden Sie heraus, welche Moral die Geschichte Ihres Gesprächspartners enthält, dann werden Sie mehr über ihn erfahren als das, was er Ihnen zu erzählen vermeint!

Beschreibt er stets den „anderen Burschen" als Schurken, dann ist anzunehmen, daß er die Verantwortung für sein eigenes Handeln nur widerwillig übernimmt. Sie unterhalten sich mit einem Untergebenen, wobei dieser abschätzig von seinem Job oder seinen Kollegen spricht. Stellen Sie sich auf seine Haltung ein, dann stoßen Sie vielleicht auf den tieferen Grund eines Problems Ihrer Abteilung, ehe es sich in *Ihrer* Bilanz bemerkbar macht.

Mangelndes Interesse an der Unterhaltung: Lauschen auf die eigenen Vorurteile

Dies ist der letzte Stolperstein, über den man steigen muß, um einen offenen Geist zu haben. In vieler Hinsicht ist es der schwierigste.

Mangelndes Interesse an einem Gespräch ist ein Symptom eines umfassenderen Problems: für fehlendes Interesse an der *Person,* mit der man kommuniziert. So mancher Manager, der aus den Reihen der Belegschaft *ausgewählt* und auf seinen Posten befördert wurde, beginnt vom Augenblick der Beförderung an, sich ganz auf seine neuen Managerkollegen einzustellen. Innerhalb dieser Gruppe von Gleichrangigen fällt die Kommunikation leicht. Da sie zwar getrennte, aber gleichwertige Positionen innerhalb der Unternehmenshierarchie bekleiden, haben sie gleichartige Anschauungen und Probleme. Und da sie die gleichen Interessen haben, interessieren sie sich auch für einander. Kurz gesagt, sie haben eine gemeinsame Grundlage.

Und dennoch: Aus der Perspektive der täglichen Ziele der einzelnen Abteilungen sind die Managerkollegen *nicht* diejenigen, die an seinen Problemen teilhaben, Partner seiner Entscheidungen werden und ihm helfen können, die richtigen Lösungen zu finden. Aber seine Untergebenen sind es!

Da der Manager sich jedoch von ihnen distanziert hat, kann es ihm schwerfallen, für sich und seine Mitarbeiter die gemeinsame Grundlage zu finden, die es ihm ermöglicht, ehrliches Interesse für seine Untergebenen zu zeigen — und deren Interesse zu wecken, als Team gemeinsame Anstrengungen zu unternehmen.

NEUGIER IST KEINE UNTUGEND,
WENN SIE STETS DEM JOB GILT.

Ein Manager ohne festen Boden

„Die erste der neuen Druckpressen traf im Juli ein", berichtete mir der Leiter der Druckerei einer großen Zeitung. „Drei Tage später zirkulierte ein Rundschreiben — ein *Memo,* das in großen Umrissen eine bedeutende Reorganisation beschrieb, die der Manager sich während des Wochenendes hatte einfallen lassen. Als dann zum Monatsende eine zweite neue Maschine geliefert wurde, informierte er die Abteilung durch ein zweites Rundschreiben. Er hatte zwei neue Setzer eingestellt und die Aufgaben aller neu verteilt. Dann glaubten wir, bis Mitte August Ruhe zu haben. Unseres Wissens wurden keine weiteren Maschinen erwartet, und die Belegschaft war vollzählig. Sie werden es kaum glauben — sobald er Zeit hatte, darüber nachzudenken, schob er die Leute erneut von einem Posten auf den anderen. Und jetzt weiß niemand, was er eigentlich tun soll — und was noch schlimmer ist, das interessiert auch keinen mehr."

Die Weigerung dieses Managers, für sich und seine Mitarbeiter eine gemeinsame Grundlage zu schaffen, ist fast zu einer Phobie geworden. Er fürchtet so sehr ihren Input, daß er mit ihnen nur schriftlich kommuniziert und keine Reaktionen von ihnen erwartet. Sein mangelndes Interesse ist eindeutig. Er schiebt seine Leute wie Schachfiguren hin und her, ohne auch nur im geringsten an ihre Präferenzen und besonderen Fähigkeiten zu denken. Aber wie könnte es auch anders sein. Er hat sich so sehr von der Arbeit seiner Abteilung distanziert, daß er die Neigungen und besonderen Fachkenntnisse seiner Leute überhaupt nicht kennt. Seine Sorgen um die eigenen Fähigkeiten haben ihm auch Furcht vor jeglicher Kommunikation eingeflößt, weshalb er jetzt ein Manager „ohne festen Boden“ unter den Füßen ist, der Leiter einer Gruppe mürrischer Angestellter mit wenig Betriebsmoral und geringer Produktivität.

DIE VERANTWORTUNG FÜR SCHLECHTE LEISTUNGEN DER ABTEILUNG LIEGT BEIM CHEF – NICHT BEI DEN ANGESTELLTEN.

Eine Landkarte für eine gemeinsame Abteilungsgrundlage

Kommen Sie hinter Ihrem Chefschreibtisch hervor, machen Sie drei Schritte aus Ihrem Büro hinaus, und Sie haben ihn gefunden: gemeinsamen Boden, den Schlüssel zu einer wechselseitig interessierten, wechselseitig abhängigen und insgesamt zuverlässigen Abteilung.

Von diesem Ausgangspunkt brauchen Sie eigentlich nur noch Ausschau zu halten nach den Interessen, die Sie mit Ihren Untergebenen gemeinsam haben: deren Jobs, *Ihren* Job, die Probleme der Abteilung, die Stärken und Schwächen der Firma insgesamt. Fordern Sie die Leute auf, alle diese Dinge gemeinsam mit Ihnen als Gruppe zu betrachten. Dann können Sie beginnen, sich auf ihre Verhaltensweisen, besonderen Fähigkeiten und persönlichen Interessen einzustellen. Um diese wertvollen Mitarbeiter jedoch richtig motivieren zu können, müssen Sie sie als Individuen besser kennen und Zeit und Mühe darauf verwenden, ihnen das Verlangen zu vermitteln, *ihre* Fachkenntnisse in den Betrieb zu investieren. Folgende Anleitung wird Ihnen den Anfang erleichtern.

KOMMEN SIE HINTER IHREM CHEFSCHREIBTISCH HERVOR. TUN SIE DREI SCHRITTE ÜBER IHRE BÜROTÜR HINAUS UND SIE HABEN SIE GEFUNDEN: EINE GEMEINSAME GRUNDLAGE.

Das universale „Ich“

Sitzt man einem seiner Angestellten zum ersten Male von Angesicht zu Angesicht gegenüber, dann kann Schweigen belastend sein. (Vielleicht erwartet der Untergebene einen Rüffel statt einer offenen Aussprache und will daher nicht gerne ohne die Anwesenheit eines Ratgebers „reden“!) Bedenken Sie stets folgendes: Die Angestellte, mit der Sie ins Gespräch kommen wollen, möchte vielleicht gar keine Informationen von sich geben. Doch gibt es stets ein Interessengebiet, dessen Erörterung sie einfach nicht widerstehen kann: *sie selbst.* Eine so einfache Frage wie „Wie lange wohnen Sie schon in dieser Gegend, Mary?“ erzeugt gemeinsame Punkte des Interesses für eine anschließende Diskussion. Bezeugen Sie persönliches Interesse; das nimmt dem Angestellten seine Befangenheit und ermuntert ihn zum reden. („Wollen Sie damit sagen, daß Sie von Los Angeles *hierher* ins Land der gefrorenen Tundra gezogen sind? Das muß doch auf ihr Allgemeinbefinden wie ein Schock gewirkt haben!“) Bald werden Sie *Mary* besser kennen, nicht nur ihre Funktion; und wenn Sie das tun, beginnen Sie zu *lernen.*

Stellen Sie Fragen

Fragen Sie nicht nur, um irgend etwas zu sagen, sondern um besser zu verstehen. Lassen Sie ihre Untergebenen spüren, daß Sie an ihren Angelegenheiten interessiert sind und durchaus daran teilnehmen möchten. Dann werden Sie sie bald zu Verbündeten machen. Fragen Sie sie, wie Ihre Entscheidungen sich auf sie auswirken, und bemühen Sie sich, daß die Leute Ihre Motive verstehen. Dann werden diese spüren, daß Sie sich ihre wohlverstandenen Interessen zu Herzen nehmen und werden dann *mit* Ihnen und nicht gegen Sie arbeiten.

STELLEN SIE FRAGEN NICHT NUR UM ETWAS ZU SAGEN, SONDERN UM BESSER ZU BEGREIFEN.

Versprechen müssen gehalten werden

Ich hatte einst einen Manager als Vorgesetzten, der bei jeder sich bietenden Gelegenheit betonte, er befolge „eine Politik der offenen Tür“. Sobald sich ihm jedoch ein Angestellter näherte, tat er sehr beschäftigt. Er war zu beschäftigt, um seine Lektüre, das Schreiben oder das Blättern in seinen Akten zu unterbrechen.

Wer aktives Interesse für seine Untergebenen bezeugt, hat ihnen damit fortdauerndes Interesse versprochen. Halten Sie Augenkontakt mit Ihren Leuten, bemühen Sie sich um sie und widmen Sie ihnen Zeit. Kurz gesagt: Kommen Sie Ihrem Versprechen nach, und sie werden ihren Verpflichtungen Ihnen gegenüber voll nachkommen.

MAN MACHT EINEM ANDEREN KEIN GRÖSSERES KOMPLIMENT, ALS WENN MAN INTERESSE FÜR IHN ERKENNEN LÄSST.

Teil II

Wie man Zuhören lernt

1. Wie man die richtige Einstellung findet

„Ich werde es wissen, sobald ich davon höre." Leider trifft das nicht ohne weiteres zu.

Katherine leitete die Marktforschungsabteilung einer kleinen Fabrik für Konsumgüter. Sie hatte ein Personalproblem (und damit ein Problem der Betriebsmoral). Zwar war sie einsichtig genug, bei monatlichen Besprechungen mit ihren Mitarbeitern die allgemeinen und spezifischen Ziele der Abteilung zu klären. Doch irgendwie fanden ihre Anregungen und Entscheidungen nie den Weg aus dem Konferenzraum und wurden am Arbeitsplatz nicht befolgt. Sie schienen auf dem Weg zum Bestimmungsort verloren zu gehen.

Ihr Stellvertreter Stephen hatte eine Erklärung für dieses Phänomen. „Es liegt in der menschlichen Natur, am Altvertrauten festzuhalten und sich gegen Veränderungen zu wehren", sagte er. „Könnten wir den Leuten einen Bonus anbieten, wären sie vielleicht eher gewillt, neuen Ideen eine Chance zu geben."

Für Katherine klang das vernünftig. Noch am selben Nachmittag trug sie den Plan dem Vorgesetzten vor. Er lehnte ab.

Und die Schwierigkeiten nahmen zu. Da die Angestellten sich Marktinformationen nach veralteten Methoden verschafften, hatte ihr jüngstes Projekt dem Leiter der Marketingabteilung ein ganz schiefes Bild der Bedürfnisse der Verbraucher vermittelt. Das Unternehmen verlor dadurch viel Geld. Wieder wandte Katherine sich an Stephen um Rat.

„Ich meine, Sie sollten reinen Tisch machen und die Angestellten an die Luft setzen, die sich weigern, Ihre Entscheidungen auszuführen."

Katherine, mit dem Rücken an der Wand, sah keine andere Wahl und begann, die nötigen Papiere für die Entlassung von zwei ihrer Untergebenen auszustellen. Die Antwort ihres Vorgesetzten: Sie selbst mußte gehen, nicht die beiden Angestellten.

Beeinflussung: Der große Störfaktor

Katherine *hatte* zugehört. Da sie sich jedoch auf Beeinflussung einließ — durch Stephen — handelte sie aufgrund einer statischen, nicht einer klaren Botschaft. In dem Augenblick, in dem ihr Stellvertreter ihr widersprüchliche Ratschläge gab, hätte sie ihre Antennen ausfahren müssen. Sein Rat trug nicht zum Funktionieren der Abteilung bei, sondern war der Anlaß dafür, daß Katherines Vorgesetzter sie nun schärfer beobachtete, und zwar in negativem Sinne. Sie gestattete es Stephen, ihre Autorität zu untergraben. Das erweckte bei ihrem Vorgesetzten Argwohn, bis sie schließlich selbst entlassen wurde. Hätte Katherine die genaue Botschaft hören können, wenn sie gewußt hätte, worauf sie hörte? Stephens Rat lief ihrem eigenen Instinkt zuwider, auf ihre Angestellten zu hören. Sie hätte sich besser auf ihr eigenes Urteil verlassen und auf die Botschaft ihres Chefs hören sollen. Dessen Ablehnung des Bonus-Vorschlags hätte ihr sagen müssen, daß sie die falsche Richtung einschlug. Schließlich hätte sie *wirklich* auf ihre Untergebenen hören sollen, statt ihnen zu drohen oder zu schmeicheln. Die hatten vielleicht gute Gründe dafür, daß sie Katherines Anregungen nicht sofort in die Tat umsetzten.

Wissen, worauf es ankommt

Wer nicht weiß, *was* er eigentlich hören will, dem wird es schwer fallen, es zu erkennen, wenn er es hört. Es ist ebenso wichtig, auf die kleinen Informationen zu achten, die für die Abteilung wirklich von Bedeutung sein können, wie solche wertlosen Informationen auszuschalten, die nur stören können.

Worauf soll also ein tüchtiger Manager hören?

Auf alles, auch auf die kleinen Dinge. Wir alle kennen die Redensart, daß Kleinigkeiten große Wirkung haben können. Sie liefert auch den Schlüssel zu gründlichem Zuhören.

WORAUF SOLLTE MAN LAUSCHEN?
AUF DIE KLEINIGKEITEN – AUF ALLES!

Katherine hatte es sehr eilig, an die Wurzeln der Probleme ihrer Abteilung zu gelangen. Deshalb hörte sie mit Zuhören auf, bevor sie alle Informationen beisammen hatte, die sie für richtiges Handeln benötigte. Hätte sie die nachstehenden Anleitungen zum Sammeln der *vollständigen* Botschaft zur Verfügung gehabt, dann würde sie vielleicht heute noch ihren Job haben.

WENN SIE NICHT WISSEN, WORAUF SIE HÖREN SOLLEN, MAG ES SCHWIERIG SEIN, ES ZU WISSEN, WENN SIE ES HÖREN.

Ohren auf Empfang schalten

Die folgenden drei Fragen werden am häufigsten von Managern gestellt, die sich bewußt sind, wie wichtig es ist, die Ohren auf Empfang zu stellen. Die Antworten wurden von den meisten der besonders erfolgreichen Manager im heutigen Wirtschaftsleben als absolut zutreffend bezeichnet.

- Was sollte man beim Zuhören beachten? Den gesamten Kontext. Betrachten Sie Ihre gesamte Arbeitswelt als den Hintergrund, der Ihre Fragen und Probleme wie ein markantes Relief hervortreten läßt. Hören Sie auf die Besonderheiten dieses Umfeldes — die Produktivität der Untergebenen, die Ziele der Abteilung und des ganzen Unternehmens, ja sogar auf Ihre eigenen Sperren beim Zuhören. Damit beginnen Sie, Ihr Ohr für die eigenen Probleme *und* mögliche Lösungen zu schulen.

- Worauf sollte man hören? Auf den Inhalt. Leihen Sie spezifischen Anregungen und Kommentaren Ihrer Angestellten ein Ohr. Hören Sie genau zu, wenn Klienten oder Kunden über ihre Bedürfnisse sprechen. Beachten Sie jedoch ebenso sehr deren Körpersprache und schriftliche Mitteilungen. Dann erhalten Sie die ganze Bandbreite der Informationen, die Sie als Manager benötigen.

- Woran sollte man sich zu erinnern versuchen? An nichts. Ein guter Zuhörer braucht sich nicht zu bemühen, sich an Einzelheiten der von ihm aufgenommenen Informationen zu erinnern. Er nimmt Informationen auf wie ein Schwamm. Sobald er den Kontext und den Inhalt erfaßt hat und dabei zwangsläufig Ähnlichkeiten und, was noch wichtiger ist, Unterschiede wahrnimmt, ist der Augenblick gekommen, in dem Erkenntnis beginnt.

Kontext und Inhalt: Die mündliche Absprache

Sobald Ihre persönlichen Beobachtungen des Arbeitsumfelds durch die verbalen Anregungen und Kommentare Ihrer Untergebenen bestätigt sind, kann der tüchtige Manager das Signal auf „Freie Fahrt“ stellen. Er hat sich die Zeit genommen, auf den zusammenhängenden Hintergrund und auf spezifische Einzelheiten zu lauschen. Damit hat er lange genug zugehört, um voll im Bilde zu sein und entsprechend handeln zu können.

Kontext und Inhalt: Die Kommunikationskollision

Erhalten Sie nicht das, was Sie sehen, dann ist es an der Zeit, sich hinzusetzen und einmal ganz scharf hinzuhören.

Für Tom, den Manager eines kleinen Stabes von Handelsvertretern, sprach der Kontext Bände. Die vorgegebenen Ziele waren durchaus erreichbar, und doch gingen die Umsätze zurück. Die Situation wies alle Anzeichen eines Problems der Betriebsmoral auf. Bevor Tom jedoch handelte, befragte er seine Leute über ihre Produktivität. Was er da zu hören bekam, lenkte seine Aufmerksamkeit in eine ganz andere Richtung.

Die Bemühungen seiner Vertreter litten nicht unter einem Mangel an Motivation. Das Problem lag vielmehr in der Abteilung, die die eingehenden Aufträge zu bearbeiten hatte. Es war auch schon so nach draußen gedrungen, daß viele Kunden ihre Bestellungen an andere Lieferanten vergaben, mit denen die Geschäfte reibungsloser abgewickelt werden konnten. Tom fand also die Symptome heraus und packte dann die Krankheit an der Wurzel an. Auf diese Weise löste er nicht nur die Probleme seiner Handelsvertreter, sondern beseitigte auch die Beschädigung des Image seiner an sich blühenden Firma.

Bei unserem angestrengten Bemühen, das gesamte Bild zu verstehen, übersehen wir oft die kleinen Teile, die eigentlich den festen Rahmen des großen Gemäldes bilden. Ein plötzlicher Konflikt zwischen Kontext und Inhalt sollte für Sie zum Anlaß werden, mit Reden aufzuhören und mit Zuhören zu beginnen.

HÖREN SIE AUF DEN KONTEXT,
HÖREN SIE AUF DEN INHALT,
UND SIE HÖREN EFFEKTIV.

2. Wie man ruhig bleibt und zuhört

Je mehr Sie sprechen, desto weniger hören Sie zu — und je mehr Sie reden, desto weniger werden *andere* zuhören.

Es ist gar nicht so einfach, ruhig zu bleiben. Unser Verstand reagiert auf den Input anderer augenblicklich, und diese Reaktion verlangt nach einem Ventil. Aber — wenn wir im selben Augenblick mit dem Mund reagieren, in dem unser Verstand etwas aufnimmt, dann hören wir auf, anderen zuzuhören und fangen an, auf unser persönliches Ego zu lauschen.

Tragen Sie zu einem Gespräch ein paar Belanglosigkeiten bei, und die Kommunikation wird belanglos bleiben. Verzögern Sie Ihre Reaktion auf die Gedanken und Vorschläge anderer, dann können Sie auf deren *vollständige* Botschaft reagieren und nicht nur auf Bruchstücke. Nachfolgend einige wertvolle Verzögerungsmechanismen, die Ihren Drang bremsen, sich Gehör zu verschaffen, während Sie noch anderen zuhören.

JE MEHR SIE REDEN, DESTO WENIGER HÖREN SIE ZU. UND JE MEHR SIE REDEN, DESTO WENIGER WERDEN ANDERE IHNEN ZUHÖREN.

Bleiben Sie sachlich!

Steht Ihr Kommentar oder Ihre Anekdote wirklich in sachlichem Zusammenhang mit Ihren eigenen Zielen und denen desjenigen, dem Sie zuhören? Überlassen Sie ihm das erste Wort, dann werden Sie bald merken, was *er* oder *sie* mit diesem Gespräch beabsichtigt. Nicht zur Sache gehörende Anmerkungen werden oft als *unsachlich* gewertet, weil sie den Gesprächspartner von seinem Ziel abbringen. Einiges bleibt besser ungesagt; gehört Ihre Geschichte vielleicht auch dazu?

Seien Sie informativ!

Ihre Bereitschaft, *wertvolle* Informationen zu einem Gespräch beizutragen, erhöht Ihren Wert für den Kommunikationspartner. Beharren Sie jedoch darauf, unwesentliche, nicht sachbezogene Informationen hinzuzufügen, dann ... Nun, die Parallele liegt auf der Hand.

IST IHRE ÄUSSERUNG SACHBEZOGEN?
IST IHRE ÄUSSERUNG INFORMATIV?
HABEN SIE IHRE GEDANKEN GEORDNET?
WENN NICHT,
SOLLTEN SIE LIEBER NUR ZUHÖREN.

Zeigen Sie Interesse!

Seien Sie aufrichtig. Gehen Sie wirklich in sich und fragen Sie sich „Rede ich vielleicht nur, um mit mir selbst zufrieden zu sein?“

Es ist nichts Falsches daran, zum richtigen Zeitpunkt ins eigene Horn zu stoßen. Geschieht es jedoch in einem Augenblick, in dem der Kommunikationspartner es nicht erwartet, dann kann das betäubend wirken. Lassen Sie es nicht zu, daß Ihr Ego die Unterhaltung monopolisiert.

Haben Sie Geduld!

Lassen Sie den anderen zum Ende kommen, bevor Sie ihm antworten. Zwar mag Ihr Partner bereits einige seiner guten Karten aufgedeckt haben; doch wartet er vielleicht noch mit dem Ausspielen des Trumpf-As. Geben Sie ihm die Zeit, alle Karten auf den Tisch zu legen, sonst werden Sie kein „full house“ haben.

Seien Sie jederzeit bereit!

Benutzen Sie die Verzögerungszeit, um alle Informationen aufzunehmen und miteinander zu vergleichen. Dann haben Sie Ihre Fakten und Gedanken wohl geordnet, wenn Sie an der Reihe sind, das Wort zu ergreifen. Ihr Kommunikationspartner ist nicht dazu da, Ihre Ideen an Ihrer Stelle zu formulieren oder die einzelnen Teile Ihrer Gedanken zusammenzusetzen. Warten Sie, bis die andere Seite den Kontext und den Inhalt klar aufgezeigt hat und sieben Sie Unstimmigkeiten und Widersprüchliches aus. Seien Sie geduldig, und Sie werden gut vorbereitet sein.

MAN IST IMMER WIEDER ERSTAUNT,
WAS EINE WORTKARGE PERSON ALLES
ZU SAGEN HAT.

3. Wie man andere zum Zuhören ermuntert

Wie Sie bereits wissen, ist Zuhören ein natürlicher Vorgang, der aber im Widerspruch zur menschlichen Natur steht. Demzufolge hindern dieselben Neigungen, die unsere Fähigkeit zum Zuhören unterminieren, auch andere daran, uns zuzuhören.

Erkennen Sie, daß Zuhören den Sieg des Geistes über die Materie bedeutet, und befolgen Sie die folgenden Richtlinien, um die Aufmerksamkeit der Zuhörer auf sich zu konzentrieren. (Anderenfalls bleibt Ihre Mitteilung bedeutungslos!)

Eine zurückhaltende Darstellung ist wirksamer

Das diesem Konzept zugrundeliegende Prinzip können Sie bei jeder geschäftlichen Besprechung und jedem gesellschaftlichen Beisammensein in Aktion erleben.

Bei jeder Gruppendiskussion werden Sie ihm begegnen — dem Zuhörer, der nur mit dem Kopf nickt und nichts sagt. Und nun achten Sie einmal darauf, wie der Redner gerade mit diesem Zuhörer Augenkontakt aufnimmt und sich für ihn zu interessieren beginnt. Die Stärke dieses „schweigsamen Typs“ ist sein Schweigen; und diese Kraft setzt er unmittelbar gegen die Unsicherheiten des Redners ein.

Sprechen Sie leise und inhaltsschwer

Genauso wie der Redner im obigen Szenario nicht der Versuchung widerstehen kann, herauszufinden was im Kopf des „geheimnisvollen Denkers“ vor sich geht, fragen wir uns alle, was die wortkarge Person zu sagen hat. Um dieses Prinzip für Sie wirken zu lassen, seien Sie zurückhaltend in Ihrer Darstellung. Ihre Einführung und Erläuterungen sollten klar, aber auf ein Minimum begrenzt sein. Konzentrieren Sie sich darauf, die Aufmerksamkeit Ihrer Zuhörer zu bewahren, dann werden Ihre Worte auch nicht die Wirkung Ihrer Mitteilung verwässern.

Sprechen Sie leise,
aber vermitteln Sie eine wichtige Botschaft

Der Redner, der die Stimme senkt, verstärkt die Wirkung. Ändern Sie ab und zu den Tonfall Ihrer Stimme — sprechen Sie leiser, langsamer — und Ihre Zuhörer werden sich bemühen, keines Ihrer Worte zu verlieren.

Sprechen Sie interessant

Konzentrieren Sie sich auf das Lieblingsthema Ihrer Zuhörer — deren eigene Person. Ermuntern Sie die anderen, an Ihrer Mitteilung teilzuhaben („Ist das nicht genau das, was auch Sie gedacht haben, Sue?“) oder richten Sie Ihre Bemerkungen an jeden von ihnen namentlich („Natürlich ist dieses Projekt Pete's Lieblingskind — tolle Leistung, Pete!“). Das stärkt den Teamgeist, ermuntert zur zweigleisigen Kommunikation *und* lenkt die Aufmerksamkeit auf Sie, solange Sie ihrer bedürfen.

Schaffen Sie das richtige Umfeld

Szene: Ein vollbesetztes lärmendes Restaurant in einer Großstadt. Zeit: Ein beliebiger Arbeitstag.

Sie: „Deshalb dachte ich, wir sollten uns in dieser Sache zusammentun, gemeinsame Ressourcen, gemeinsame Mitarbeiter."

Der Gesprächspartner beugt sich vor; „*Gemeine* Mitarbeiter? Wie kommen Sie zu der Behauptung?"

Sie: „Nein, *gemeinsam*. Unsere Leute sollen zusammenarbeiten."

Der Gesprächspartner legt eine Hand an die Ohrmuschel. „Meine Leute sollen mehr *arbeiten?* Das verstehe ich nicht. Wissen Sie was: Warum setzen wir uns nicht ein andermal zusammen, okay?"

Es ist schwer genug, die eigenen inneren Zuhörsperren zu überwinden, ohne neue hinzuzufügen. Wer versucht, etwas Wichtiges unter wenig idealen Verhältnissen an den Mann zu bringen, dessen *Botschaft* wird ebenfalls alles andere als ideal sein. Übermitteln Sie sie an einem Ort, an dem die physischen und mentalen Ablenkungen minimal sind, und Sie werden Ihre Chance steigern, richtig gehört und verstanden zu werden.

4. Wie man vorgetäuschtes Zuhören entlarvt

Es gibt zwei Typen von Menschen, die nicht zuhören. Da sind zunächst diejenigen, die uns deutlich wissen lassen, daß sie zu beschäftigt oder angespannt sind, um zuzuhören. Und dann gibt es noch die notorischen „als ob Zuhörer". Es ist leicht, mit der erstgenannten Gruppe fertig zu werden. Man kann die Besprechung auf eine weniger hektische Stunde verlegen oder den Betreffenden bitten, Sie wissen zu lassen, wann er frei ist. Der „Als-ob-Zuhörer" ist jedoch *immer* frei — frei, Ihre Zeit zu vergeuden und Sie solange reden zu lassen, bis Ihre Geduld oder Ihre Stimme am Ende ist.

Die folgenden Hinweise sollen helfen, nicht nur den Aufmerksamkeit vortäuschenden Zuhörer innerhalb einer Gruppe herauszupicken, sondern auch seine Aufmerksamkeit zu erwecken.

- *Verräterische Merkmale.* „Wie interessant!" „Ist das so?" „Wie steht es eigentlich damit?" Zwischenbemerkungen wie diese, die Sie zum Weiterreden ermuntern sollen, ohne daß der andere wirklich zuhört, sind verräterische Merkmale für nur vorgetäuschtes Zuhören. Sobald man solche nichtssagenden Worte hört, ist es Zeit, den anderen herauszufordern. „Oh, Sie finden das interessant? Was interessiert Sie daran besonders?" Nun wird der Aufmerksamkeit vortäuschende Zuhörer merken, daß Sie ihm auf die Schliche kommen und wird anfangen, wirklich zuzuhören.

- *Körpersprache.* Auch wenn der „Als-ob-Zuhörer" sich verbal vielleicht aus der Schlinge zieht, zeugt seine Körperhaltung jedoch von seiner wahren Einstellung. Er vermeidet

Augenkontakt, scharrt mit den Füßen, weiß nicht, wo er die Hände lassen soll, und das uninteressierte Zusammensacken des Oberkörpers signalisiert, daß auch der Kommunikationsprozeß zusammensackt. Hier müssen ein paar gezielte Fragen den Ball wieder ins Spiel bringen.

- *Eine zusammenhanglose Reaktion.* Sie haben gerade Ihre Pläne für eine bevorstehende Besprechung dargelegt, Ihr Zuhörer antwortet jedoch: „Haben Sie gehört, daß es am Donnerstag schneien soll?" Sie können jede Wette eingehen, daß draußen der Schneefall bereits eingesetzt hat. Holen Sie solche „Als-ob-Zuhörer" aus ihren Tagträumen, indem Sie nach ihrem Input für die geplante Besprechung fragen.

WER NUR ZUZUHÖREN VORTÄUSCHT,
KANN SIE NUR TÄUSCHEN, WENN SIE SELBST
NICHT VERSTEHEN, ZUZUHÖREN.

5. Lauschen auf versteckte Mitteilungen

Was wir hören, ist nicht immer das, was kommuniziert wird! Die nachstehenden Redensarten werden bei geschäftlichen Unterredungen ständig verwendet und sind dennoch Hinweise darauf, daß die *wirkliche* Kommunikation irgendwo dicht unter der Oberfläche lauert.

JE BESSER SIE ZUHÖREN,
UM SO BESSER WIRD ES IHNEN ERGEHEN.

Lesen Sie diese Aufzählung dreimal, und die reichlich abgenutzten Redensarten werden Ihnen niemals gleich klingen.

- „Ich weiß, was Sie meinen." In Wahrheit wissen diese Leute das nicht, möchten es aber wissen und hoffen, daß Sie solange weiterreden, bis sie es wissen.
- „Seien wir doch mal ehrlich miteinander." Wenn Sie nun die ganze Zeit über ehrlich gewesen *sind* — bedeutet es, daß der so Redende es *nicht gewesen* ist?
- „Das ist eine ganz besondere Angelegenheit." Wenn sie wirklich so besonders wäre, hätten Sie es dann nicht gemerkt?
- „Unter uns gesagt ..." Gewöhnlich endet das folgendermaßen: „... und das sage ich auch jedem anderen".

- „Sie sehen großartig aus!“ Haben Sie vorher weniger großartig ausgesehen, oder hat der andere Sie eben erst bemerkt?
- „Wir freuen uns, daß Sie gekommen sind!“ Hat der andere irgendeinen Grund zur Annahme, Sie wären vielleicht nicht gekommen? Drückte er damit eine Furcht oder eine Hoffnung aus?

WAS WIR HÖREN, IST NICHT IMMER DASSELBE WIE DAS, WAS MITGETEILT WIRD.

Teil III

Wie man neue Mitarbeiter durch richtiges Zuhören interviewt, auswählt und schult

Sind Sie ein erfolgreicher Interviewer?

1. Denken Sie *nach* einem Einstellungsgespräch an Fragen, die Sie dem Bewerber hätten stellen *sollen?*
2. Das Vorstellungsgespräch ist beendet. Sind Sie sich dann immer noch über die Qualifikationen des Bewerbers im Unklaren?
3. Würden Sie sich unbehaglich fühlen, wenn Sie die endgültige Entscheidung über einen Bewerber ausschließlich auf der Grundlage des Einstellungsgesprächs fällen — *ohne* seine Referenzen zu prüfen?
4. Haben Sie in den vergangenen Jahren später herausgefunden, daß ein Bewerber Ihr Stellenangebot nur als Mittel benutzte, beim bisherigen Arbeitgeber ein höheres Gehalt herauszuholen?

Kein anderer Aspekt der Unternehmensführung erfordert mehr die Fähigkeit zu richtigem Zuhören als die Auswahl neuer Mitarbeiter. Deshalb ist das obige Quiz vielleicht das beste Barometer für Ihre Fähigkeit, die Stärken, Schwächen und Vorstellungen der Personen herauszufinden, die Sie einstellen wollen. Für jedes Nein in Ihrer Antwort verdienen Sie einen Bonus — Ihre Fähigkeit zum Zuhören hat Zeit und Geld erspart. Für jedes Ja mußten Sie und Ihr Unternehmen teuer bezahlen — in Geld und in Betriebsmoral.

Nach neuesten Studien übersteigen die Kosten für die Einstellung eines neuen Mitarbeiters gegenwärtig eintausend Dollar. Rechnen Sie hinzu die hochbezahlte Arbeitszeit des Managers, der das Einstellungsgespräch führt, die Kosten für die Schulung des Neulings (die auf nochmals zwei- bis viertausend Dollar geschätzt werden) und die Zeit, die durch die zunächst gestörte Zusammenarbeit im Betrieb vergeudet wird. Dann ergibt sich eindeutig, daß schlechte Arbeit bei der Auswahl eines neuen Angestellten sich unmittelbar negativ auf das Budget der Abteilung auswirkt — und auf Ihre Befähigung zu leistungsstarkem Management.

Wer als Manager das Gefühl hat, er arbeite bei der Auswahl und Schulung neuer Mitarbeiter zu hart, dürfte nicht hart genug zuhören. Dagegen wird aktives, aggressives Zuhören vom ersten Augenblick der Kommunikation an (d.h. dem kurzgefaßten Bewerbungsschreiben) bis zur letzten Gelegenheit, die ein Manager hat, die individuelle Leistungsfähigkeit des Bewerbers zu bewerten (das Einstellungsgespräch) dem Manager Zeit und Geld sparen und seiner Abteilung zugleich eine reibungslose Einarbeitungszeit verschaffen.

In Teil III nutzen Sie alle Fähigkeiten, die Sie im Teil II dieses Buches gelernt haben:

Sie vertiefen sich in das zusammenfassende Bewerbungsschreiben, um keine Zeit durch Begegnungen mit ungeeigneten Bewerbern zu vergeuden,

Sie hören beim Einstellungsgespräch genau zu, um festzustellen, ob der Bewerber für Ihre Firma geeignet ist, bevor Sie ihm gegenüber eine Verpflichtung eingehen, und

Sie achten auf den neuen Mitarbeiter während der Einarbeitungszeit, um seinen Lernprozeß zu beschleunigen, seine Assimilierung reibungslos zu gestalten und teuren Angestellten„abfall" zu verhindern.

IHRE MITARBEITER SIND EINE INVESTITION. BEIM MANAGEMENT IST ES WIE BEI DEN STEUERN: ES ZÄHLT NICHT WAS MAN HAT, SONDERN WAS MAN BEHÄLT.

1. Das Bewerbungsschreiben von Robert Smith

Um hervorzuheben, worauf bei einem Einstellungsgespräch besonders zu achten ist, wird das folgende fiktive Szenario gestellt. Sie sind der leitende Ingenieur und Manager eines Herstellers für Ausrüstungen der Schwerindustrie, Ihre Firma hat die Stelle des Leiters der Werkzeug- und Ersatzteilausgabe zu vergeben. Der Job erfordert gewisse Fähigkeiten als Vorgesetzter sowie technisches Wissen über Maschinenteile. Als Antwort auf eine Anzeige in einer Fachzeitschrift haben Sie das folgende Bewerbungsschreiben von Robert Smith erhalten.

Kurzgefaßte Bewerbung

Robert Smith
999 Johnson Street
Chicago, Il 60104

AUSBILDUNGSGANG
Abgangszeugnis der Chicago High School, 1960
Lehre und Abschluß als Technischer Zeichner
Besuch mehrerer Managementseminare AMA (American Management Association)

BERUFLICHE ERFAHRUNG
Jackson Company, März 1980 bis heute
Manager für Werkzeuge und Ersatzteile

Verantwortlich für die laufende Kontrolle aller Werkzeuge und Maschinenteile, die an die Abteilung Wartung und Instandsetzung ausgegeben werden. Aufsicht über die Arbeiter im Werkzeuglager und den Angestellten, der für das Werkzeuginventar verantwortlich ist.

G&L Engineering, Januar 1961 — Dezember 1980

Technischer Zeicher

Verantwortlich für das Design und Modernisieren von Maschinen- und Ausrüstungszeichnungen der Kunden. Auszeichnung als Technischer Zeichner des Jahres 1973 und 1977. Die Firma wurde 1980 von C&B Engineering übernommen. Die Abteilungen für technisches Zeichnen wurden zusammengelegt und nach Dallas/Texas verlegt.

Personenstand: verheiratet, 3 Kinder
Hobbies: Kegeln, Jagd, Lesen
Referenzen: werden auf Anforderung nachgeliefert.

Sie haben diese Kurzbewerbung sorgfältig gelesen und sich auf das eingestellt, was Bob Smith sagt und was er nicht sagt. Nun beginnen Sie zu überlegen, wie weit die Wünsche des Bewerbers sich mit den Ihren decken.

Was ist dem Bewerbungsschreiben zu entnehmen?

1. Der Bewerber ist an dem ausgeschriebenen Job interessiert.
2. Der Bewerber verfügt über technische Kenntnisse von Maschinenteilen.
3. Bob Smith hat einige Erfahrung als Vorgesetzter.
4. Der Bewerber ist aus der Abteilung Technisches Zeichnen in seine jetzige Vorgesetztenposition aufgestiegen.

Was wird in der Bewerbung nicht gesagt?

1. Warum der Bewerber einen anderen Job sucht.
2. Wie lange hat er eine Aufsichtsfunktion ausgeübt?
3. Wie weit reichen seine technischen Kenntnisse?
4. Hat er die richtige Einstellung, daß er in Ihre Organisation paßt?

In Kenntnis von Bob's Erfahrung, seiner bisherigen beruflichen Praxis und seines Interesses für den ausgeschriebenen Job verabreden Sie für den folgenden Morgen ein Einstellungsgespräch.

WAS SIE NICHT WISSEN, KÖNNTE IHNEN SCHADEN. WAS SIE WISSEN, KANN IHNEN HELFEN.

2. Das Einstellungsgespräch: Ein Akt richtigen Fragens und Zuhörens

Während des Einstellungsgesprächs kann nur eine einzige Person Ihnen die Informationen geben, die Sie für die Entscheidung brauchen, ob der Bewerber für den Posten geeignet ist — der Bewerber selbst. Daher sollte es bei dieser entscheidenden ersten Begegnung ihr Ziel sein, dem Bewerber Bob Smith volle Redefreiheit zu lassen, während Sie selbst Ihre Fähigkeit zur Geltung bringen, die Informationen, die tatsächlich nur er vermitteln kann, auch wirklich zu *hören.* Mit anderen Worten: Das Einstellungsgespräch ist Bob's Chance, zu reden, zu reden, zu reden — und für Sie die goldene Gelegenheit, zuzuhören und *zu lernen.*

NUR EINE PERSON KANN IHNEN SAGEN,
OB DER BEWERBER DER RICHTIGE FÜR
DEN JOB IST: DER BEWERBER SELBST.

Für Sie als Interviewer gibt es eigentlich nur drei Anlässe zu reden, während Sie sich überlegen, ob Bob für den Job geeignet ist:

1. Ihm die Befangenheit zu nehmen und die ausgeschriebene Position zu beschreiben.
2. Sachbezogene Fragen zu stellen.
3. Bob die angebotene Stelle schmackhaft zu machen, falls Sie merken, daß auch noch andere Firmen an ihm interessiert sind.

Sprechen Sie als Interviewer mehr als zwanzig Prozent der für das Gespräch vorgesehenen Zeit, dann ist es höchst wahrscheinlich, daß Sie nicht alles hören werden, was Sie für eine objektive Entscheidung über den Bewerber brauchen.

JE BESSER SIE ZUHÖREN, DESTO EHER ERFAHREN SIE, WIE WENIG SIE IM GRUNDE WISSEN.

Wie man dem Bewerber seine Befangenheit nimmt

Warum ist Bob so befangen? Abgesehen von der Nervosität, die die meisten Menschen empfinden, wenn sie „im Scheinwerferlicht" stehen, fühlt Bob sich unbehaglich, weil da etwas zwischen ihm und seinem Karrierewunsch steht — und zwar *Sie*.

Ein Bewerber kann von einem Einstellungsgespräch nur ein Ergebnis erwarten: entweder eine Brücke zu seinen Zielen oder eine Absage. Nutzen Sie die ersten Minuten des Gesprächs, um Bob den beruhigenden Eindruck zu vermitteln, daß Sie ihn als Person und als Fachmann respektieren, dann wird er in Ihnen einen künftigen Partner sehen. Er wird daher entspannt sein, seine Zurückhaltung aufgeben und der Kommunikation freien Lauf lassen.

Beginnen Sie das Gespräch mit allgemeinen Fragen über die Hobbies des Bewerbers oder andere, eher persönliche Informationen, die Sie seiner Kurzbewerbung entnommen haben. Zeigen Sie ihm, daß Sie an ihm auch als Person interessiert sind, dann bauen Sie eine Kommunikationsbrücke auf, die nicht bedrohlich, sondern eher einladend erscheint.

Beschreiben Sie kurz die Geschichte der Firma und natürlich die freie Stelle, weil Sie ihn damit wissen lassen, daß Sie ihn ernsthaft als potentiellen Mitarbeiter ansehen. Halten Sie diese Einführung jedoch kurz. Eine längere und tiefschürfende Erläuterung kann nämlich den Bewerber mit Fragen aller Art überschwemmen und seine Fähigkeit zu offener Kommunikation einschränken.

Schaffen Sie das richtige Umfeld; damit geben Sie Bob das Gefühl, daß Sie auch seine Zeit für wertvoll halten. Nehmen Sie also während des Einstellungsgesprächs keine Telefonanrufe an, dulden Sie keine Unterbrechungen und unterbrechen Sie nicht, um sich Notizen zu machen. Derartige Ablenkungen erwecken beim voraussichtlichen Mitarbeiter nur den Eindruck, daß Sie an ihm nicht interessiert sind. Außerdem wird dadurch der Gedankenfluß zwischen Ihnen und dem Bewerber unterbrochen.

ERFOLGVERSPRECHENDES BEFRAGEN IST EIN HEIKLER BALANCEAKT: MAN MUSS DIE RICHTIGEN INFORMATIONEN HERAUS HOLEN, OHNE DEN BEWERBER EINZUSCHÜCHTERN.

Und noch etwas. Kommen Sie hinter Ihrem Schreibtisch hervor. Kein anderes Büromöbel spricht eine so deutliche Sprache wie der „Chefschreibtisch“. Physisch stellt er fast so etwas wie eine Mauer zwischen Ihnen und dem Bewerber dar. Symbolisch erinnert er stets an den Rangunterschied zwischen Ihnen beiden.

Plazieren Sie sich und den Bewerber möglichst so, daß Sie einander auf neutralem Boden gegenübersitzen. Lassen Sie

Bob sich behaglich fühlen und schaffen Sie dadurch während des Einstellungsgesprächs eine gleichwertigere Kommunikation.

Wie man die richtigen Fragen stellt

- Welches sind Ihrer Meinung nach Ihre Stärken und Schwächen?
- Denken Sie einmal zehn Jahre voraus: Auf welchem Posten sehen Sie sich da?
- Warum halten Sie sich für diese Position besonders geeignet?

Wie oft haben Sie diese Fragen schon gehört ... oder selbst gestellt? War Ihre Reaktion darauf „Immer derselbe Stuß?" Diese Fragen sind abgenutzt, mißbraucht von Interviewern, die entweder nicht die Erfahrung haben oder schlechtweg nicht imstande sind, persönlichere Fragen zu improvisieren — Fragen, auf die der Befragte nicht schon eine vorbereitete Antwort parat hält.

Jedesmal, wenn Sie eine dieser Fragen an einen potentiellen Mitarbeiter stellen, verlieren Sie eine Chance, etwas wirklich Wertvolles über ihn zu erfahren. Jedesmal, wenn Sie jemanden interviewen, ohne wirklich zuzuhören, verpassen Sie die Gelegenheit zu „erfolgreicher Befragung".

DER EINZIGE WEG, GENAUERE ANTWORTEN ZU ERHALTEN: BESSERE FRAGEN STELLEN.

Wirklich brauchbare Fragen stellen bedeutet:

- Das heikle Gleichgewicht halten zwischen dem Einholen guter Informationen und einer Haltung, die den Bewerber nicht einschüchtert.

- Die Kunst, während des auf Erkunden von Fakten ausgerichteten ersten Teils des Gesprächs die Fragen offen und objektiv zu formulieren. („Wie hat sich die allgemeine Konjunktur auf die Geschäfte der Jackson Company ausgewirkt, Bob?“)

- Fragen sind der Schlüssel zu einer erfolgreichen Bewertung der fachlichen und der Führungsqualitäten des Bewerbers, während man ihn ermuntert, frei von der Leber zu reden. („Bob, wir spielen mit dem Gedanken, bei unseren Verbindungsschrauben von Stahl auf Plastik umzustellen. Haben Sie irgendwelche Anregungen für einen guten Lieferanten?“)

- Eine positive, urteilsfreie Haltung, die es dem Bewerber erlaubt, seinen Charakter zu offenbaren und Ihnen alles zu sagen, was Sie brauchen, um sich ein Bild von seinen Fähigkeiten zu machen.

- Eine entspannte, vertrauenerweckende Methode, ein genaues Bild vom Arbeitsstil des Bewerbers zu erhalten. („Welche Aspekte Ihrer gegenwärtigen Position befriedigen Sie am meisten, Bob?“)

- Eine flexible Strategie auf der Grundlage der Qualifikationen des *individuellen* Bewerbers anstelle der Qualifikationen des Arbeitsplatzes.

Erfolgreiches Befragen bedeutet *nicht:*

- Interviewen durch Einschüchterung. („Nun berichten Sie mal, Bob. Warum hat man Ihnen keinen Job bei G&L Engineering in Dallas angeboten?“)
- Immer dieselben abgedroschenen Fragen stellen.
- Suggestivfragen rein rhetorischer Art stellen. („Ein toller Betrieb hier, finden Sie nicht auch?“)
- Die Äußerungen des Bewerbers an seiner statt beenden. („Ich weiß genau, was Sie sagen wollen, Bob ...“)

WARUM IST GUTES INTERVIEWEN EINE KUNST? STELLEN SIE DIE RICHTIGEN FRAGEN UND SIE BEWAHREN DEM BEWERBER SEINE AUFRICHTIGKEIT.

Wie man wirksames Befragen für sich arbeiten läßt

Auf der Grundlage der Jobbeschreibung und der schriftlichen Kurzbewerbung müssen Sie nunmehr durch wirksames Befragen folgendes herausfinden:

- Wieviel Erfahrung als Vorgesetzter hat Bob in seiner gegenwärtigen Position erworben?
- Wieviel technisches Wissen besitzt er wirklich?
- Warum möchte er die Jackson Company verlassen?
- Ist Bob der richtige Mann für den Job?

Welche Erfahrung hat der Bewerber als Vorgesetzter?

Das Erkunden der technischen Kenntnisse des Bewerbers und seiner Erfahrungen als Vorgesetzter bringt nicht nur Klarheit über das Ausmaß seines Wissens, sondern offenbart auch viel über seinen Charakter, wenn der ihn befragende Manager nicht über sich selbst spricht. Denken Sie stets daran, daß Bob es ist, über den ein Urteil gefällt werden soll. Erzählen Sie ihm viel über das Auf und Ab Ihrer eigenen beruflichen Laufbahn, dann führen Sie ihn nur in Versuchung, Ihnen das zu sagen, was Sie seiner Ansicht nach hören wollen. Formulieren Sie die Fragen elastisch und behalten Sie Ihre Kommentare für sich; je besser Sie zuhören, desto eher merken Sie, wie wenig Sie wissen.

Hat der Bewerber das Zeug zum Manager?

Fragen Sie Bob, was ihn an seiner gegenwärtigen Position am meisten befriedigt und was ihm am meisten mißfällt. Befriedigen ihn Schreibarbeiten und die Behandlung von Einzelheiten mehr als die Beschäftigung mit Personalproblemen der Abteilung, dann hat man ihn bei seiner Beförderung vielleicht gerade aus der Tätigkeit herausgenommen, die ihm besonders liegt.

Ist Bob ein Mann, der schwierige Situationen bewältigt?

Eine Frage kann Ihnen verraten, ob Bob fähig ist, den Platz eines Vorgesetzten einzunehmen. Beschreiben Sie kurz ein typisches Mitarbeiterproblem — etwa das chronische Zuspätkommen eines Angestellten — und fragen Sie ihn, wie er in diesem Fall handeln würde. Eine leicht hingesprochene Antwort wie „Ich würde ihn entlassen“ deutet darauf hin, daß Bob für eine Vorgesetztenposition kaum geeignet ist (und kann offenbaren, daß er in seiner schriftlichen Bewerbung vielleicht nicht ganz ehrlich war). Wägt Bob jedoch verschiedene Faktoren gegeneinander ab, etwa die jüngsten Leistungen des betreffenden Angestellten, die Länge seiner Dienstzeit bei der Firma und die Dauer des Problems, dann geben solche Erwägungen Ihnen wertvolle Einsichten in seine Denkprozesse und die Ebene seiner Erfahrung.

Welche berufliche Erfahrung besitzt Bob wirklich?

Auf Bob's Antwort zu obigem Problem sollte man zunächst mit einer wertfreien Bemerkung reagieren, um ihn abzulenken. („Das ist ein recht interessanter Ansatz, Bob.") Dann aber erfragen Sie die harten Fakten. („Wie lange sind Sie schon in der Position eines Vorgesetzten?"). Die Antwort wird Ihnen verraten, ob er noch ein junger oder schon ein erfahrener Vorgesetzter ist — oder nur ein schlechter.

Unerwartet herausfordernde Fragen („Sind Sie wirklich *sicher,* daß Sie Erfahrungen als Vorgesetzter haben, Bob?") werden die Bewerber nicht zwingen, Ihnen die Wahrheit zu gestehen, wie weniger nachsichtige (und aggressivere) Manager vielleicht glauben mögen. *Offensive* Fragen dienen nur dazu, den in Aussicht genommenen Mitarbeiter in die *Defensive* zu drängen und damit die Chance zu verderben, während der restlichen Zeit des Einstellungsgesprächs eine unvorbereitete Antwort zu erhalten.

Welche technischen Kenntnisse besitzt der Bewerber?

Die schriftliche Kurzbewerbung kann die Parameter der Erfahrung des Bewerbers aufzeigen. Aber nur wirksames Befragen kann Aufschluß über seine spezifischen technischen und *ethischen* Stärken und Schwächen geben. Die nachstehende Strategie garantiert, daß der Befragende den Bluff von der Realität unterscheiden kann. Versuchen Sie sie einmal, und Sie werden sich immer wieder auf sie verlassen.

Redseligkeit kann verräterisch sein

Ist Bob beispielsweise der Ansicht, Sie verstünden nur wenig von den technischen Aspekten seines gegenwärtigen Jobs, dann wird er Ihnen eine großartige Gelegenheit bieten, sowohl seine Aufrichtigkeit als auch seine Berufserfahrung zu beurteilen. Formulieren Sie Ihre Fragen objektiv („Auf welche Weise kontrolliert man bei der Jackson Company den Bestand an Werkzeugen und Maschinenteilen?"), und Bob wird Ihnen berichten, wo seine eigenen Fähigkeiten beginnen — und *enden.*

Benutzen Sie niemals Ihren eigenen beruflichen Werdegang, um dem Bewerber Antworten zu entlocken. Auf den Befragten zugestutzte Fragen („Wie ich sehe, kommen Sie aus den Reihen der Technischen Zeichner, Bob. Interessieren Sie sich immer noch für technisches Zeichnen?") führen unweigerlich zu ebensolchen Antworten. Programmierer von Computern sagen dazu GIGO = Garbage in, Garbage out", das heißt: Wo man Müll hineinschüttet, kommt auch Müll heraus. Sie müssen in dieser Situation bei Ihrem Input aufpassen.

Bitten Sie den Bewerber um einen Rat

Erklären Sie dem Bewerber, nach welchem System Ihr Unternehmen funktioniert und zählen Sie einige besonders gut gehende Produkte auf. Dann forschen Sie mit gezielten Fragen nach spezifischen Einzelheiten, etwa:

„Bob, wer fertigt Ihrer Ansicht nach die besten Bohrer?"

„Bob, wir planen, von Lösungsmitteln als Reiniger auf Produkte auf Wasserbasis umzustellen. Fällt Ihnen dazu vielleicht ein guter Lieferant ein?"

Nun können Sie sich bequem zurücklehnen und mit dem Kopf nicken, selbst wenn Sie das Gefühl haben, er wolle Sie mit viel Reden einwickeln.

Trümpfe gegen den Bluff ausspielen

Wollen wir herausfinden, ob Bob blufft? Verwenden Sie für ein Produkt einen falschen Firmennamen, um seine Reaktion zu testen.

Antwortet der Bewerber bejahend auf eine Frage wie „Bob, haben Sie auch immer Probleme mit verspäteten Lieferungen von Getrieben der Firma B&K?" (die gar nicht existiert), dann sollte bei Ihnen das rote Warnsignal aufleuchten. Schmückt er seine Antwort sogar noch mit Unstimmigkeiten oder falschen Fachausdrücken, dann dürfte bei Ihnen der Wunsch entstehen, auf den Knopf des Interview-Schleudersitzes zu drücken. Aber warten Sie noch ab — zumindest noch, bis die beiläufig gestellte Zusatzfrage, mit wem Bob es normalerweise bei der B&K Company zu tun habe, ausweichend beantwortet wird.

Welche Branchenkenntnisse hat der Bewerber?

Die eigenen Branchenkenntnisse sind einige der wenigen quantitativen Werkzeuge, die ein Manager besitzt, um ein Urteil über den Bewerber zu fällen. Natürlich muß man daran denken, daß Branchenkenntnisse stets mit Berufserfahrung gleichbedeutend sind (was man daher in gewissem Maße Angestellten der unteren Ebene zugute halten muß, die sich nach oben verbessern wollen). Doch ist dieser Informationsblock ein unfehlbares Barometer für die Fachkenntnisse eines Bewerbers und sein Interesse an seinem Job.

Erfragen von Einzelheiten

Interviewe ich Bewerber um die Position von Verkäufern oder Handelsvertretern, dann frage ich stets nach Namen von Personen, mit denen sie bei bestimmten Firmen Kontakt gehabt haben. Die Art und Weise, wie sie auf diese Frage antworteten, gab mir darüber Aufschluß, ob sie sich an leitende Personen gewandt oder überhaupt dort vorgesprochen hatten. In mehr als der Hälfte der Interviewzeit war das die Frage, über die der Bewerber ins Aus stolperte.

Und wie befragt man Bewerber, die nicht in die Vertriebsabteilung eintreten sollen? Sprechen Sie mit ihm über neueste Firmenzusammenschlüsse, Akquisitionen von Firmen, Übernahmen und sonstige kleine Brancheninformationen. Dann wird sich bald herausstellen, ob Sie diesen Bewerber nach Hause schicken sollten.

Wie glaubwürdig ist der Bewerber?

Die Glaubwürdigkeit eines Bewerbers sollten Sie unbedingt während des Interviews erkennen und nicht erst nach vollzogener Einstellung. Lassen Sie ihm ausreichend Freiraum und Zeit zum Reden, damit er wirklich Flagge zeigt. Denken Sie daran: Läßt man die Tür der Kommunikation weit offen, dann wird der Bewerber auf die eine oder andere Weise durch sie eintreten.

Den Unwissenden spielen.

Kommt man mir mit Bemerkungen wie „Ich bin nicht sicher, wer zur Zeit der eigentliche Topmanager ist", reagiere ich niemals herausfordernd oder mit der richtigen Antwort, sondern mit einer urteilsfreien Bemerkung — „Ich weiß, das ist in unserer Branche oft ein Problem." Der Bewerber fühlt sich erleichtert, bleibt offen und wird in den meisten Fällen fortfahren, sich mit seinem Gerede um den Job zu bringen.

HALTEN SIE DIE TÜR DER KOMMUNIKATION OFFEN, DANN WIRD DER BEWERBER AUF DIE EINE ODER ANDERE WEISE DURCH SIE EINTRETEN.

Klarstellen der Antworten des Bewerbers

Richtiges Zuhören bedeutet, daß Sie aktiv und gezielt auf die Informationen hinsteuern, die für Sie notwendig sind.

Infolge ehrlicher Befangenheit oder des Verlangens, heiklen Themen aus dem Wege zu gehen, wird jeder Bewerber hin und wieder Fragen ausweichen, deren Beantwortung Ihnen Aufschluß über seine Glaubwürdigkeit gegeben hätte. Fällt Ihnen eine seiner Antworten als Leerformel oder zweideutig auf („Der Umzug nach Dallas war sicher genau das Richtige für G&L Engineering, jedoch nicht für mich"), dann ist die Zeit gekommen, Tatsachen von Auslegungen zu trennen.

Um der Wahrheit auf den Grund zu kommen, wiederholen Sie spezifische Punkte, über die der Bewerber anscheinend ungerne sprechen will. Man kann ihn dann ganz neutral zu einer Klarstellung nötigen, etwa mit der Bemerkung „Wollten Sie damit sagen, daß man Ihnen für den Umzug nach Dallas einen Job angeboten hat, den Sie aber nicht annahmen, weil Sie in Chicago bleiben wollten?!" Nun ist der Bewerber gezwungen, Farbe zu bekennen. Er wird entweder sagen: „Ja, das stimmt.", oder er wird beginnen, darum herum zu reden: „Nun ja, man hat mir den Job nicht direkt angeboten. Man wußte aber Bescheid, daß ich nicht umziehen wollte."

Klarstellung der gefährlichsten Eigenschaften des Bewerbers

„... ungefähr ...", „in etwa ...", „Ich würde meinen ...", „Ich schätze ..." Diese ausweichenden Floskeln sind das Letzte, was man von einem Bewerber bei einem Einstellungsgespräch hören möchte. Wiederholen Sie wörtlich *jede* Antwort, die derart modifizierende Floskeln enthält. „Also, Bob, Sie sagen, Sie haben *etwa* zwei Jahre lang eine Aufsichtsfunktion ausgeübt. Gehe ich recht in der Annahme, daß Sie sie volle zwei Jahre ausgeübt haben?" Diese Frage wird entweder die Wahrheit an den Tag bringen („Im vorigen Monat waren es zwei Jahre") oder die Übertreibung. („Nun ja, eigentlich waren es etwa anderthalb Jahre. Aber wer rechnet das schon so genau nach?")

Denken Sie daran: Zuhören ist die genaue Wahrnehmung dessen, was kommuniziert wird. Haben Sie Zweifel hinsichtlich der Antwort auf eine wichtige Frage, dann wird die Wiederholung Ihrer Wahrnehmung die Sache auf den Punkt bringen — und den Bewerber zwingen, Ihren Eindruck zu bestätigen oder Ihr Vertrauen zu verlieren.

WELCHES SIND DIE GEFÄHRLICHSTEN EIGENSCHAFTEN EINES BEWERBERS? ES SIND REDENSARTEN WIE: ... UNGEFÄHR ... IN ETWA ... ICH WÜRDE MEINEN ...

Warum sucht der Bewerber eine Stellung?

Das Einstellungsgespräch ist jetzt an einem Punkt angelangt, an dem es den Anschein hat, als erfülle Bob die Traumvorstellung des Personalchefs. Der Bewerber kennt sein Fach gut, scheint absolut aufrichtig zu sein und, was besonders wichtig ist, er sitzt greifbar nahe vor ihm. Bevor Sie nun jedoch beginnen, ihn durch Erwähnung der sozialen Sonderleistungen Ihrer Firma und des reichhaltigen Spesenkontos als Mitarbeiter zu gewinnen — stop! Jede Fehleinstellung schadet dem Budget Ihrer Abteilung. Will Bob Sie beispielsweise nur gegen seinen augenblicklichen Arbeitgeber ausspielen oder sich vor Arbeitslosigkeit schützen, dann würde ein sofortiges Einstellungsangebot ein teurer Fehler sein. Fragen Sie Bob vielmehr eingehend nach seinen Motiven, bevor Sie ihn auf Ihre Gehaltsliste setzen.

Hat Bob noch eine feste Anstellung?

Über fünfundzwanzig Prozent aller bei mir eingehenden Bewerbungsschreiben vermitteln den Eindruck, der Bewerber befinde sich noch in fester Stellung, obwohl er in Wirklichkeit arbeitslos ist.

Ob Bob über seine Zeit frei verfügen kann, das läßt sich leicht an seiner Flexibilität bei der Verabredung des Vorstellungsgesprächs feststellen. Kann er zu jeder beliebigen Zeit kommen, dann ist es durchaus nicht unangebracht ihn zu fragen, ob Datum und Uhrzeit nicht mit seiner Arbeitszeit kollidieren. Die meisten Bewerber werden bei einer solchen Frage ihre Situation klarstellen.

Antwortet der Bewerber ausweichend, dann fragen Sie direkt: „Sind Sie immer noch als Manager für Maschinenteile bei Jackson Company tätig?" Gibt er Ihnen immer noch eine ausweichende Antwort, dann belassen Sie es bei dem Gesprächstermin, um ihn dann näher auszufragen. Doch bedenken Sie — ein Bewerber, der nicht arbeitet, sich jedoch weigert, über seine Situation zu sprechen, kann zu einem Problem werden. Lassen Sie es darauf ankommen und geben Sie Ihrer eigenen Urteilsfähigkeit eine Chance.

Warum ist Bob mit seinem Job unzufrieden?

Bei dieser Frage sollten Sie zwei Möglichkeiten nachgehen.

1. Ich liebe meinen Job, doch die derzeitige Arbeitsweise mißfällt mir. Fassen Sie bei jeder Erwähnung von Unzufriedenheit *unmittelbar* nach. Bob könnte zum Beispiel folgendes berichten: Wären ihm nicht die Hände gebunden gewesen (und hätte sein Vorgesetzter auf ihn gehört), dann hätte er ein neues System für die Beseitigung chemi-

scher Abfälle eingerichtet, was der Firma Tausende von Dollars einsparen würde. Ermuntern Sie Bob, Einzelheiten seines Planes zu erzählen. Höchstwahrscheinlich wird er dann froh und glücklich sein, endlich einmal sein brillantes Können herausstellen zu dürfen. Inzwischen hat Bob Ihnen alle Informationen gegeben, die Sie für die Beurteilung benötigen, ob er „ein Denker und kein Macher" ist, ob seine Anregungen von gesundem Geschäftssinn zeugen oder ob seine Unzufriedenheit ungerechtfertigt ist.

2. Der Boß: Die Bürde jedes Arbeitnehmers. Eine weitverbreitete Quelle von Unzufriedenheit ist der Konflikt mit einem Vorgesetzten. Deshalb sollte der Interviewer nach diesem spezifischen Faktor sondieren und Charakterzüge ausmachen, die Bob an seinem gegenwärtigen Manager stören. Haben Sie selbst ähnliche Charaktereigenschaften? Bob's bisherige berufliche Laufbahn ist ziemlich stabil verlaufen. Könnte daher seine Kritik auf jüngste Veränderungen bei seinen Vorgesetzten oder moderne Innovationen zurückzuführen sein? Ist das der Fall, dann erkundigen Sie sich, worin der neue Boß sich vom alten unterscheidet. Die Antwort wird Rückschlüsse zulassen auf das Arbeitssystem, das ihm am meisten liegt. Haßt er strenge Beaufsichtigung, und ist das zufällig Ihr Managementstil, dann könnte sich zwischen Ihnen und Bob ein explosives Gemisch entwickeln.

Unzufriedenheit ist garantiert

Hat der Bewerber häufig seinen Arbeitsplatz gewechselt (alle zwei bis drei Jahre), dann ist es wichtig festzustellen, ob er das Opfer der Umstände oder Opfer seines eigenen Ego war. Eine Litanei von Klagen über Firmen, die Ihnen als gute Arbeitgeber bekannt sind, signalisiert chronische Unzufriedenheit des Bewerbers — und daß er demnach auch bald mit Ihrem Unternehmen unzufrieden sein würde.

Hat der Bewerber andererseits seine Stellung aufgrund von Firmenzusammenschlüssen, Veränderungen im Management oder einem Umzug der Firma an einen anderen Ort verloren, dann sollten Sie ihn vor einer endgültigen Entscheidung noch durch andere Manager beurteilen lassen.

Benutzt Bob Sie nur als Mittel zum Zweck?

Bringt ein Bewerber schon vor einer Analyse des ausgeschriebenen Jobs die finanziellen Fragen zur Sprache, dann kann man damit rechnen, daß er darauf aus ist, Sie als Werkzeug für eine Gehaltserhöhung bei seiner augenblicklichen Firma zu benutzen.

Ich führte einst ein Einstellungsgespräch mit einem cleveren und kreativen Bewerber, dessen Hauptanliegen es war, eintausend Dollar mehr Gehalt herauszuschlagen. Nach einigem Hin und Her stimmte ich der geforderten Summe zu. Wo aber blieb mein cleverer und vielversprechender Neuerwerb an dem Tage, an dem er bei uns seinen Job antreten sollte? Er saß wieder auf seinem Stuhl in der alten Firma, mit einer Gehaltszulage von dreitausend Dollar. Hätte ich damals gewußt, was ich heute weiß, dann wäre mir beim richtigen Zuhören nicht entgangen, daß er mich nur als Werkzeug benutzte, aus seinem Arbeitgeber ein höheres Gehalt herauszuholen. Nach dieser harten Lehre habe ich niemals wieder mit jemandem fest gerechnet, ehe er nicht zur Türe hereinkam. Und ich habe niemals mehr um einen kleinen Betrag gefeilscht, sobald einem Bewerber ein Gehalt innerhalb eines akzeptablen Rahmens angeboten wurde.

SPRICHT DER BEWERBER ALS ERSTES VON GELD, IST DAS EINSTELLUNGSGESPRÄCH IM GRUNDE SCHON ZUM SCHEITERN VERURTEILT.

Über Geld sollte man erst reden, wenn Sie und der Bewerber übereinstimmen, daß Sie gut zueinander passen. Fordert Bob mehr Geld, obwohl er branchenüblich nicht erheblich unterbezahlt ist, dann sollten Sie auf der Hut sein. Erwähnt der Bewerber an erster Stelle die finanziellen Aspekte des Jobs, dann können Sie damit rechnen, daß das Gespräch eigentlich nichts mehr bringen kann.

Sind Bob's Aufstiegsmöglichkeiten begrenzt?

Die besten Bewerber warten nicht auf eine Gelegenheit, die Tür einzurennen; sie haben bereits einen Fuß in der Tür.

Ist Bob mit seiner derzeitigen Stellung zwar nicht unzufrieden, glaubt jedoch, daß seine Aufstiegsmöglichkeiten wegen mangelnden Dienstalters oder mangelnden Wachstums seiner Firma begrenzt sind, dann kann er durchaus der Mann sein, den Sie suchen. Fragen Sie ihn, ob seine persönlichen Ziele denen seiner derzeitigen Firma entsprechen. Berichtet er dann, seine Firma kämpfe immer nur darum, einigermaßen das jeweilige fiskalische Jahr zu überleben und hoffe, daß jemand sie aufkaufen werde, dann ist das eine Situation, die Bob's Veränderungswünsche verständlich macht. Vielleicht ist er auch unzufrieden mit den gegenwärtigen Arbeitsarrangements oder mit seinem Gehalt und sucht einen Job, den er bis zu seiner Pensionierung ausfüllen kann.

Sind Sie in diesem Stadium des Gesprächs zu der Überzeugung gelangt, Bob habe eindeutig die Absicht, Zeit und Arbeitskraft in ein Unternehmen zu investieren, das sein Partner für die Zukunft werden kann, dann können Sie sich mit seinen Gehaltsforderungen beschäftigen — und ihm den Gedanken nahelegen, in Ihre Firma überzuwechseln.

Wie man den Bewerber für den angebotenen Job einnimmt

Der bisherige Verlauf des Gesprächs hat Sie über die Stärken und Schwächen des Bewerbers informiert. Sie wissen nun, weshalb er seine augenblickliche Stellung aufgeben will, und kennen seine damit zusammenhängenden Besorgnisse. Genau genommen hat Bob Ihnen bereits erzählt, wie man ihn für den angebotenen Job am besten einnehmen kann. Jetzt sind Sie an der Reihe, Ihr Unternehmen ins richtige Licht zu rücken. Bedienen Sie sich dazu der folgenden Leitgedanken, um Bob's und nicht Ihre Bedürfnisse in den Mittelpunkt zu stellen:

- Nutzen Sie Bemerkungen, die der Bewerber während des Gesprächs gemacht hat, um die Vorteile des von Ihnen angebotenen Jobs hervorzuheben, ohne dabei jedoch seine gegenwärtige Position abzuwerten. („Ich würde gerne nicht nur Ihre Fähigkeiten als Vorgesetzter nutzen, Bob, sondern sie noch erweitern.")

- Lassen Sie den Bewerber wissen, daß er über die Qualifikationen verfügt, die Sie suchen, und daß Sie daran interessiert sind, ihm ein Angebot zu machen. („Wie bald könnten Sie anfangen, Bob?")

- Zerstreuen Sie Bedenken, die Bob hinsichtlich des Jobs, der Firma oder finanzieller Faktoren haben mag. („Die Stellung, die Sie, wie wir hoffen, bekleiden werden, ist eine Position mit guten Aufstiegsmöglichkeiten.“)

- Sorgen Sie dafür, daß Bob Ihr Büro nicht mit unbeantworteten Fragen verläßt. Hat er den Raum verlassen, dann haben Sie nur noch wenig Möglichkeiten, seine Entscheidung zu beeinflussen.

- Bleiben Sie stets bei der Wahrheit! Sie haben sich ja bereits über den Grad der Branchenkenntnis des Bewerbers informiert. Da können Sie sicher sein, daß auch er seine eigenen verläßlichen Informationsquellen anzapfen wird. Sollte er dabei Unterschiede zwischen Ihrer Darstellung und der Unternehmenspolitik herausfinden, ist damit zu rechnen, daß er sich anderswo eine Stellung suchen wird.

Leitlinien für eine freundschaftliche Verabschiedung

- Halten Sie den Bewerber nicht hin. Ist Bob nicht der richtige Mann für den Job, dann verabschieden Sie ihn auf professionelle Art. Seine Zeit ist ebenso wertvoll wie Ihre.

- Überlassen Sie es dem Bewerber, zu der Einsicht zu gelangen, daß dies nicht der richtige Job für ihn ist. Es ist Ihre Pflicht, den Bewerber mit einem positiven Gefühl des eigenen Wertes und gegenüber Ihrer Firma zu verabschieden. Freundlichkeit beim Abschied, etwa „Es war sehr angenehm, dieses Gespräch mit Ihnen geführt zu haben, doch glaube ich nicht, daß wir Ihnen mehr bieten können als Ihre augenblickliche Position", wird dem Bewerber das Gefühl vermitteln, diese Entscheidung sei in gegenseitigem Einvernehmen gefallen.

- Nennen Sie dem Bewerber zumindest *einen* objektiven Grund für Ihre Entscheidung. Ich habe mir stets die Zeit genommen, kurz zu erläutern, warum meine Bedürfnisse und die Ziele des Bewerbers nicht harmonisieren. Er kann ja nur erfahren, wonach Sie suchen, wenn Sie es ihn wissen lassen. Damit können Sie dazu beitragen, daß der heute Verabschiedete morgen schon zur besten Wahl werden kann.

- Denken Sie daran: Die Welt ist klein, vor allem in eng verbundenen Industriezweigen. Nehmen Sie sich den Augenblick, den Bewerber so angenehm wie möglich zu verabschieden. Wer weiß — vielleicht wird der Bewerber eines Tages *Sie* interviewen.

BEI DER VERABSCHIEDUNG EINES BEWERBERS GILT ZU BEDENKEN: DER HEUTE UNGEEIGNETE KANDIDAT KANN MORGEN ERSTE WAHL SEIN.

Zusammenfassung: Ein Manager-Leitfaden für wirksames Befragen

Lesen Sie diesen kurzen Leitfaden nochmals durch, damit im Einstellungsgespräch der Bewerber im Mittelpunkt steht und nicht Sie.

Beim Einstellungsgespräch ist *immer* zu bedenken:

1. Sorgen Sie dafür, daß der Bewerber entspannt bleibt.
2. Stellen Sie zu Beginn angenehme, allgemeine Fragen, etwa „Können wir uns ein paar Minuten über Ihre Erfahrung bei der Jackson Company unterhalten?“ oder „Erzählen Sie mir etwas über Ihre Hobbies.“
3. Lassen Sie den Bewerber reden. Seien Sie geduldig. Eine Pause sollte ihm Gelegenheit geben, seine Gedanken zu sammeln.
4. Legen Sie als Leitfaden für sich selbst eine kurze Liste mit Fragen zurecht, damit Sie im Gespräch auch alle erforderlichen Informationen erhalten.

Beim Einstellungsgespräch sollten Sie *niemals:*

1. Suggestivfragen stellen, die eine befangene Antwort herausfordern, etwa: „Sie halten es doch auch für vorteilhaft, wenn jemand von der Pike auf nach oben steigt, nicht wahr?“
2. den Bewerber unterbrechen.

3. eine Ausführung des Bewerbers zu Ende führen, indem Sie vorwegnehmen, was er sagen wird. Unterbricht der Manager mehrmals, dann wird der Befragte frustriert und zurückhaltend.

DEN RICHTIGEN MANN FÜR DEN RICHTIGEN JOB FINDET MAN, WENN MAN SICH AUF DIE BEDÜRFNISSE DES BEWERBERS UND NICHT AUF DIE EIGENEN KONZENTRIERT.

3. Richtiges Anleiten bedeutet richtiges Zuhören

„Um den Job zu bekommen, mußte ich zunächst zwei von mir entworfene Werbetexte einreichen“, erzählte ein Werbetexter. „Dabei handelte es sich um eine Art Qualifikationsrunde, weil der Anzeigenchef den Termin für das Vorstellungsgespräch erst eine Woche später festsetzte. Ihm folgte ein zweites Interview, bei dem der Gründer der Werbeagentur und der Leiter der Werbeabteilung anwesend waren. Das dritte Interview, fast einen Monat nach meinem ersten Kontakt mit der Agentur, gab mir Gelegenheit, die anderen Mitarbeiter der Abteilung kennenzulernen.“

„Dann kam mein erster Arbeitstag. Der leitende Werbetexter, der so viel Zeit für das Vorstellungsgespräch aufgewendet hatte, wies mich in ein Büro ein, drückte mir eine Schachtel mit Büromaterial in die Hand und sagte: „Übrigens, morgen früh um neun Uhr haben wir ein sogenanntes kreatives Meeting.“ Die Zeichen standen eindeutig auf Untergehen oder Schwimmen — also begann ich zu schwimmen.“

Versagen vorprogrammiert

Wer neu eingestellte Mitarbeiter nach der Methode Untergehen oder Schwimmen trainiert, handelt gefährlich. Denn es ist ein Training für das Versagen. Mit der Zeit werden selbst die tüchtigsten Neulinge untergehen. Was sie unter Wasser zieht, ist nicht das Gewicht dessen, was sie nicht gelernt haben, sondern dessen, was sie wirklich gelernt haben.

Lehren einer harten Schule

Aus drei Monaten Anlernzeit nach der Methode Untergehen oder Schwimmen ziehen Ihre Angestellten folgende Lehren:

- Keine Fragen stellen: eine Praxis, die Irrtümer vorprogrammiert.
- Sich auf das zu verlassen, was sie wissen: Eine Überlebenstechnik, die ein neuer Angestellter vorübergehend dadurch bewältigt, daß er alte und möglicherweise erfolglose Arbeitsmethoden in eine neue Situation einbringt.
- Die Dinge eben noch hinzubiegen: Fähigkeiten kultivieren, die Verwirrung oder Unwissenheit nach außen hin übertünchen.
- Daß der vorgesetzte Manager unzugänglich ist und nicht als Quelle für Informationen auf irgendeiner Ebene angesehen werden kann.
- Daß der einzige Wert dieses Jobs sein Zukunftswert ist — als Absprungbasis für eine befriedigendere, weniger verwirrende Position.

Reibungsloses Anpassen

Ein Manager, der sich wirklich auf die Bedürfnisse seiner Angestellten einstellt, begreift das nachstehende Axiom richtigen Zuhörens: Reibungsloses Anpassen bedeutet niemals ein *ruhiges* Anpassen. Sich assimilieren heißt sich wandeln. Wandel jedoch bedeutet Anpassung, Unsicherheit und sogar Verwirrung, und dies nicht nur für den Neueingestellten, sondern für die ganze Abteilung.

Nichts kann die Betriebsmoral so erschüttern oder Sand ins Getriebe der Produktivität schütten wie eine langsame, unstete und falsch gelenkte Einarbeitungsperiode. Wer einen zögernden neuen Angestellten — ganz gleich, über welche Erfahrung er verfügt — nach dem Motto „Untergehen oder Schwimmen“ behandelt, der muß damit rechnen, daß dessen Unsicherheit sich auf die ganze Abteilung überträgt. Der Neue verbringt mehr Zeit damit, sich zu fragen, was er tun soll, als mit wirklicher Arbeit. Bald beginnen die Kollegen es übel zu nehmen, daß sie diesen Ballast mitschleppen müssen — und Ihr Urteil hinsichtlich der Einstellung des Neuen in Frage zu ziehen. Ein Manager, der sich in dieser entscheidenden Zeit taub stellt, fordert zwischenmenschliche Probleme, ein Absinken der Betriebsmoral und den totalen Stop von Arbeitsvorgängen, geradezu heraus.

REIBUNGSLOSES ANPASSEN BEDEUTET NIEMALS RUHIGES ANPASSEN.

Ein geschultes Ohr während der Einarbeitungszeit

Manager haben mir berichtet, die folgende Anleitung zu reibungsloserer Gestaltung der Übergangszeit hätte die für die

Einarbeitung neuer Angestellter erforderliche Zeit in ihren Abteilungen *um die Hälfte* abgekürzt. Auch bei gewohnt straffer Führung Ihrer Mannschaft sollten Sie an folgendes denken: Stellen Sie sich hinter Ihre Leute, und sie werden hinter Ihnen stehen. Nehmen Sie sich täglich einige Minuten Zeit, sich auf die Probleme Ihrer Mitarbeiter einzustellen — und natürlich auf die des Neulings. Dann werden Sie bald das Signal „Volldampf voraus!" hören.

- Bereiten Sie Ihre Mitarbeiter auf die Ankunft eines neuen Angestellten vor, *bevor* dieser an Bord kommt. Machen Sie die Aufgaben und Parameter der Autorität des Neuen ganz klar. Wird der Mitarbeiterstab vergrößert, dann erläutern Sie die Neugliederung der Aufgabenbereiche, die sich auf die Angestellten auswirken kann. Vor allem sollten Sie den Neuen nicht benutzen, innerhalb der Abteilung Wettbewerb anzuheizen.

- Nehmen Sie sich die Zeit, den Neuen allen Kollegen vorzustellen. Bei dieser Vorstellung sollten ihm die Funktionen jedes Mitarbeiters erklärt werden. Wird in der Regel die Arbeit fortlaufend von einem Arbeiter an den nächsten abgegeben, dann stellen Sie den Neuen jedem Kollegen in der Reihenfolge vor, in der die Weitergabe der Arbeit erfolgt. Das verschafft dem Neuling eine mentale Landkarte der Arbeitsweise der Abteilung.

- Sollte das Protokoll es erlauben, dann lassen Sie der Einführung des Neuen einen Lunch oder ein zwangloses Beisammensein der ganzen Abteilung folgen. Das fördert nicht nur den Kameradschaftsgeist, sondern öffnet auch die Tür zur Kommunikation zwischen den Angestellten und dem Manager.

● Fragen Sie den neuen Mitarbeiter, wie die verschiedenen Abteilungsfunktionen in seiner früheren Firma gehandhabt wurden. Dann nutzen Sie die Unterschiede oder Ähnlichkeiten als Vergleichsbasis für die Klärung der internen Arbeit Ihrer Abteilung. Macht man dem Neuling die neue Umgebung vertrauter, wird er sich schneller integrieren.

● Achten Sie auf ein Zögern des Neuen. Es ist ein Zeichen dafür, daß ihm die Arbeitsweise der neuen Firma noch nicht ganz klar ist. Reagiert er auf einen Auftrag nicht sofort, dann haben Sie ihm wahrscheinlich nicht alle Informationen gegeben, die er zur Ausführung braucht. Stellen Sie Aufgaben und Verfahren klar, bis der Angestellte zuversichtlich erscheint.

● Sorgen Sie dafür, daß der Neue in der Abteilung außer Ihnen noch eine andere Informationsquelle hat. Ein neuer Mitarbeiter, der sich normalerweise sehr bewußt ist, wie sehr seine Leistung von den Kollegen begutachtet wird, fühlt sich sicherer, wenn er in geringfügigen Fällen einen Kollegen fragen kann.

● Tadeln oder loben Sie sofort und oft. Beides zu unterlassen, bedeutet, seine Einarbeitung zu versäumen.

● Vor allem jedoch seien Sie *verfügbar.* Kommen Sie mindestens zweimal täglich vorbei, damit Sie Fragen des Neuen beantworten und nach Problemen Ausschau halten können, oder auch einfach nur, um eine stete Verbindung herzustellen. Und halten Sie die Tür auch für die älteren Mitarbeiter offen. Die können Ihnen Hinweise auf gestörte Arbeitsmuster oder Bereiche der Verwirrung geben, die Sie vielleicht übersehen haben.

FRÜHERE ERFAHRUNG IST KEIN ERSATZ FÜR ANLEITUNG UND SCHULUNG.

Das Credo des guten Managers

1. *Meine erste Verantwortung gilt meinen Untergebenen* und deren Familien, die direkt oder indirekt von meinen Worten oder Handlungen betroffen werden.

2. *Meine zweite Verantwortung gilt meinem Unternehmen.* Ich werde mich bemühen, daß alle meine Aufgaben und die meiner Untergebenen nach den Qualitätsmaßstäben ausgeführt werden, die mit der Unternehmensstrategie in Einklang stehen.

3. *Meine dritte Verantwortung gilt dem wirtschaftlichen Wachstum.* Mein Mitarbeiterstab ist eine wertvolle Ressource. Sein Input wird es der Firma ermöglichen, sich an die Spitze zu setzen, ohne die Qualität zu opfern, die fester Bestandteil der Charta des Unternehmens ist. Ich werde meine Untergebenen zu neuen Ideen ermuntern und diese gerne annehmen.

4. *Meine vierte Verantwortung gilt mir selbst.* Meine Entscheidungen wirken sich nicht nur auf meine Firma aus, sondern auch auf das gesellschaftliche und wirtschaftliche Wohlergehen meiner Mitarbeiter. Ich werde mich von meinem guten Urteil und nicht von meinem persönlichen Ego leiten lassen.

Teil IV

Management durch richtiges Zuhören

1. Erkenntnisse über einen Manager

In Zusammenhang mit Ihrer Position als Manager gibt es zwei einfache Fakten, die Sie vielleicht nicht kennen — oder mit denen Sie sich nicht gerne konfrontieren lassen. Das erste Faktum ist die reine Wahrheit, was Ihre Angestellten tatsächlich nach Dienstschluß mit nach Hause nehmen; das zweite Faktum ist ein für das Ego vernichtendes Stückchen Erkenntnis, dem unfähige Manager nie ins Gesicht schauen. Zusammen sind sie Grundbestandteile guten Managements, einfache Tatsachen, die den Unterschied zwischen Erfolg und Versagen ausmachen können.

1. Der Manager ist im Leben seiner Untergebenen eine der wichtigsten Persönlichkeiten.
2. Die Untergebenen wissen mehr über die kniffligen Feinheiten ihres Jobs als selbst der beste Manager.

Die Bedeutung des Managers

Sind Sie die einzige Person mit Entscheidungsgewalt zu befördern, einzustellen und zu entlassen, Gehaltszulagen zu gewähren oder zu verweigern, dann endet Ihr Einfluß auf das Leben Ihrer Untergebenen nicht an der Bürotür. Ihre

Autorität reicht vielmehr bis zu dem einen Ort, der am meisten Ihre Macht zu geben oder zu nehmen symbolisiert — bis zum Familientisch Ihrer Angestellten.

Als Kind war ich erstaunt, wieviel Zeit meine Familie damit verbrachte, zuzusehen wie das Abendessen kalt wurde, während meine Mutter eine einzige hemdsärmelige Bemerkung ihres Chefs interpretierte und uminterpretierte. Es dauerte nicht lange, und die ganze Familie nahm es den Managern und der Firma übel, daß sie uns so viel von der Zeit stahlen, die unsere Mutter für uns übrig hatte — und daß sie unsere Mahlzeiten verdarben.

Die Bombe in der Aktentasche

Eine Straße mag noch so kurvenreich sein, Schwierigkeiten kehren *immer* zu ihrem Ausgangspunkt zurück. Und wenn ein am Arbeitsplatz entstandenes Problem von dort zum Heim des Angestellten und dann wieder zurück zum Arbeitsplatz pendelt, dann kann sich dabei beträchtlicher Zündstoff entwickeln.

Für den Manager der Vertriebsabteilung eines größeren Papierherstellers war es eine schlechte Woche gewesen. Das Geschäft blühte zwar, doch hatte er zwei seiner besten Mitarbeiter verloren — den einen durch Frühpensionierung, der andere hatte eine lukrativere Stellung gefunden. Nun arbeitete er mit einer Rumpfmannschaft und unter erheblichem Druck.

In dieser Situation kam am Freitag der Lagerverwalter und bat um zwei Wochen Urlaub. Dem Manager blieb gar keine andere Wahl, als ihn zu verweigern. Und da er die Ablehnung nicht erläuterte, sah der Angestellte keine andere Wahl als den Fall vor einem ihm freundlicher gestimmten Geschworenengericht darzulegen — der enttäuschten Familie.

Während der folgenden sechs Monate schuftete der Angestellte hart, was den Manager davon überzeugte, das Thema sei zu den Akten gelegt — bis der Lagerverwalter überraschend kündigte. Der neue Job biete ihm mehr Geld und mehr Verantwortung, nannte er als Begründung. Als der Manager ihm daraufhin dieselben Bedingungen anbot, lehnte er ab. Seine Familie hatte ihn nicht nur ermuntert, sich nach einem anderen Job umzusehen, sondern auch seine Entscheidung gut geheißen, ihn anzunehmen. Sie hatte sich sein Wohlergehen zu Herzen genommen, der Manager aber nicht. So meinte er.

DIE AUTORITÄT DES MANAGERS ENDET NICHT AN DER BÜROTÜR, SONDERN AM FAMILIENTISCH DES ANGESTELLTEN.

Scheuen Sie nicht Ihre Verantwortung

Tun Sie es doch, dann werden auch Ihre Untergebenen vor der ihren zurückschrecken. Die Pflichten des Managers reichen weit hinaus über Planen, Organisieren, Aufstellen des Budgets und die Kontrolle über seinen Verantwortungsbereich. Sie reichen hinein bis ins Privatleben seiner Untergebenen. Sobald Sie tatsächlich zur Kenntnis nehmen, daß Sie das wirtschaftliche und emotionale Wohlergehen Ihrer Angestellten und deren Familien in den Händen halten, haben Sie den ersten Schritt zu echter Kommunikation getan. Befolgen Sie die nachstehenden Anleitungen, und Sie halten damit die Türen weit offen:

- Die Familien Ihrer Untergebenen sind weder objektiv noch vergeßlich. Nehmen Sie sich die Zeit, Konflikte zu lösen, bevor diese den Weg zum Eßtisch der Familie des Angestellten finden. Dann verhindern Sie, daß Probleme, die an sich mit dem Job zusammenhängen, auch noch zu persönlichen Konflikten werden.

- Kultivieren Sie das Interesse für das Leben Ihrer Angestellten *außerhalb des Arbeitsplatzes.* Freundschaftliche Bande können zu positiven Arbeitsbeziehungen entwickelt werden. Wer seinen Untergebenen gegenüber gleichgültig bleibt, dem und auch der Arbeit gegenüber werden sie ebenfalls gleichgültig werden.

- Unterschätzen Sie niemals die Wirkung Ihrer Worte oder Handlungen. Was Ihnen als bedeutungslos erscheinen mag, kann für Ihre Untergebenen von überragender Bedeutung sein. Für Sie persönlich spielt es vermutlich keine Rolle, ob der Zahltag von Donnerstag auf Freitag verschoben wird. Einem Fabrikarbeiter jedoch, der von der Hand in den Mund lebt, kann ein Tag sehr lang erscheinen, vor allem, wenn der Donnerstag der Einkaufstag der Familie ist. Wenn irgend möglich, sollten Sie Änderungen in der Unternehmenspolitik vorher ankündigen. Geben Sie Ihren Mitarbeitern die Chance, den Wandel zusammen mit Ihnen zu vollziehen.

- Seien Sie kein Papiertiger und verstecken Sie sich nicht hinter Rundschreiben! Schriftliche Ankündigungen von Veränderungen in der Unternehmenspolitik geben wertvollen Mitarbeitern das Gefühl, machtlos und unbedeutend zu sein. Rufen Sie Ihre Leute zusammen und erläutern Sie die geplanten Veränderungen mündlich vor einem offenen Forum. Ermuntern Sie die Leute auch, Fragen zu stellen, und dann ...

- *Hören Sie genau zu!* Sie werden dann die Zustimmung zufriedener Mitarbeiter hören und ein Gefühl der Kameradschaft und des gegenseitigen Vertrauens zu spüren bekommen. Und das ist es auch, was die Leute nach Dienstschluß mit nach Hause zu ihren Familien nehmen sollen.

DRÜCKEN SIE SICH UM IHRE VERANTWORTUNG, UND DIE MITARBEITER WERDEN SICH EBENFALLS VERANTWORTUNGSSCHEU ZEIGEN.

Die Untergebenen kennen ihren Job

Denken Sie daran, daß die meisten Untergebenen die Feinheiten und Schwierigkeiten ihres Jobs besser kennen als selbst der beste Manager. Tüchtige Manager kann man mit Dirigenten eines Sinfonieorchesters vergleichen. Sie sind Anführer, die die Verantwortung dafür tragen, daß die ganze Firma zusammenarbeitet, um eine dauerhafte Harmonie zu erzeugen. Und obgleich sie nicht jedes Instrument mit der Virtuosität eines geschulten Musikers spielen können, haben die Dirigenten es gelernt, die Fähigkeiten aller Mitwirkenden mit Geschick und Hingabe so zu verschmelzen, daß daraus ein melodisches Endergebnis entsteht. Ihr Job beruht auf der Fähigkeit zu richtigem Zuhören.

Im Gegensatz dazu sind untüchtige Manager „Ein-Mann-Kapellen“. Sie sind jene egozentrischen und unsicheren Individualisten, die keine Verantwortung delegieren können, sondern darauf bestehen, jedes einzelne Instrument selbst zu spielen. Sie sind nicht nur damit beschäftigt, ins eigene

Horn zu stoßen, sondern blasen *alle* Hörner. Es kann daher nicht verwundern, daß ihnen weder Zeit noch Energie zu wirklicher Führung bleibt — oder zum Zuhören.

DER MANAGER GLEICHT DEM DIRIGENTEN EINES SINFONIEORCHESTERS. NIEMAND ERWARTET VON IHM, DASS ER EINE EIN-MANN-KAPELLE IST.

2. Die verschiedenen Managertypen

Es ist wichtig, hier auch eine Unterscheidung zu treffen zwischen dem Manager, der aus den Reihen der eigenen Belegschaft aufgestiegen ist, und dem, der von außen ins Unternehmen geholt wurde. Gute Manager sind Anführer, die anerkennen, daß sie die Hilfe ihrer Untergebenen ebenso benötigen wie diese die Anleitung und Richtungweisung des Managers. Das Bewußtsein dieser Interdependenz schafft stabile, gut organisierte Arbeitsbeziehungen, die zum Erfolg beitragen und die Möglichkeit von Irrtümern verringern. Obwohl gute wie schlechte Manager aus den eigenen Reihen stammen oder von außen hereingeholt wurden, ergibt sich doch für den im Betrieb aufgestiegenen Vorgesetzten der schwierigere Übergang und die größere Möglichkeit des Versagens.

Aus der Belegschaft zum Manager aufgestiegen

„Er war ein guter Arbeiter, jedoch ein schlechter Manager." Hören Sie dieses allzu bekannte Urteil, dann besteht die Chance drei zu eins, daß von einem Manager die Rede ist, der aus den Reihen der Belegschaft auf seinen Posten aufgestiegen ist.

Solche Manager bringen oft viele vorgefaßte Meinungen in ihren neuen Job mit. *Sie wissen alles,* von der Stärke des höchsten Chefs bis herunter zu den Schwächen der Angestellten, die vor wenigen Tagen noch ihre Kollegen waren. Sie kennen auch „den einzig richtigen Weg", eine bestimmte

Arbeit auszuführen. Leider kann das, was sie zu wissen *meinen,* sie daran hindern, das zu lernen, was sie *wissen müssen.* Ihre Voreingenommenheit hindert sie am Zuhören.

MANAGER, DIE AUS DER BELEGSCHAFT AUFSTEIGEN, VERSÄUMEN OFT EINE DER GRÖSSTEN LAUFBAHNCHANCEN: DIE GELEGENHEIT, SICH ZU IRREN.

Es gibt zwei Wege, die Sache zu erledigen: Meinen und den falschen

Mein Klient, ein erfahrener Unternehmer, der eine Metallformerei leitete, hatte den Eindruck, die Abteilung, die letzte Hand an seine Produkte anlegte, sei völlig aus dem Tritt geraten. Die Betriebsmoral war so tief wie nie zuvor; selbst langjährige Angestellte stellten sich außerhalb der Gemeinschaft. Als die Produktionsrate stark absackte und die Ausschußrate für nicht mehr verwendbare Teile von zwei auf fünf Prozent angestiegen war, bat er mich, die Situation in Augenschein zu nehmen.

Der Vorarbeiter dieser Abteilung war erst kurz davor aus der Belegschaft heraus auf seinen Posten befördert worden — als Belohnung für seine rundum hervorragenden Fachkenntnisse und seine überdurchschnittliche Leistung. Und dennoch — wir hatten noch kaum fünf Minuten miteinander gesprochen, da erzählte er mir schon, er sei der schnellste Trimmer, den der Betrieb je beschäftigt habe. Als er mir dann noch erklärte, er könne nicht begreifen, warum seine Leute nicht annähernd an die Stückzahl herankämen, die er selbst in diesem Job erreicht hatte, wußte ich, was ich zu tun hatte. Für den folgenden Morgen arrangierte ich ein zwangloses Zusammentreffen mit allen Arbeitern.

Ich eröffnete die Diskussion mit der Bitte um Vorschläge, wie man die Ausschußrate senken könne. Sobald die Kommunikation in Fluß kam, dauerte es nicht lange bis der Vorarbeiter zum Hauptthema wurde. Ich erwähnte beiläufig, man habe mir gesagt, er sei einer der besten Trimmer seit Bestehen des Unternehmens gewesen. „Das reibt er uns täglich unter die Nase", rief einer der Arbeiter dazwischen. „Dies ist aber nicht dieselbe Abteilung, in der er damals gearbeitet hat." In ein paar Minuten kannte ich die ganze Geschichte. Der Fertigungsvorgang war von Grund auf geändert worden. Als er noch einfacher Arbeiter gewesen war, stand er am Fließband. Inzwischen jedoch arbeitete die Abteilung gewissermaßen nach Maß, in Erledigung individueller Wünsche der Kunden, wobei es auf Qualität und nicht Quantität ankam. In der festen Überzeugung, genau zu wissen, was das beste war, tadelte der Vorarbeiter seine Leute wegen mangelnder Geschwindigkeit bei der Produktion, statt ihre Fachkenntnisse zu loben. Ob dieser negativen Einstellung ihres Vorgesetzten waren die Arbeiter natürlich frustriert. Ihre Selbstachtung litt darunter genauso wie die Qualität ihrer Arbeit. Schließlich rang der Vorarbeiter sich dazu durch, an einen passenderen Job in die Reihen der Belegschaft zurückzukehren.

Vom Angestellten zum Manager:
Ein Acht-Punkte-Plan

1. Seien Sie aufrichtig gegenüber sich selbst und den Untergebenen.
2. Seien Sie bereit, Ihre Fehler zuzugeben.
3. Gestehen Sie anderen zu, dieselben Fehler zu machen.
4. Seien Sie fair. Behandeln Sie alle Untergebenen gleich, auch diejenigen, die vorher Ihre Freunde — oder Gegner — waren.
5. Seien Sie bei Lob und Tadel folgerichtig.
6. Lassen Sie Ihre Untergebenen wissen, daß Ihr persönlicher Erfolg von ihrer Leistung als Team abhängt.
7. Haben Sie Geduld, wenn Sie selbst eine Tätigkeit in der Hälfte der Zeit ausführen könnten, die ein neuer Mitarbeiter dafür benötigt.
8. Denken Sie stets daran, woher Sie kommen. Tadeln Sie so, wie es Ihnen recht wäre, getadelt zu werden, und loben Sie, wie Sie gerne gelobt würden.

Der Manager als „bekannte Größe“

An jedem Tag, den Sie in engem Kontakt mit einer Gruppe von Kollegen verbringen, erfahren diese mehr über Sie als Person. Wird nun eines Tages jemand aus der Belegschaft auf einen höheren Posten befördert, dann haben seine künftigen Untergebenen bereits eine lange Liste von Persönlichkeitsmerkmalen parat, auf der Verhaltensweisen, Stärken und Schwächen sowie die Arbeitsmethoden des neuen Managers verzeichnet sind. Der frisch beförderte Manager steht damit vor einer doppelten Herausforderung: Einerseits muß er nach wie vor um gutes Einvernehmen mit den bisher gleichrangigen Kollegen bemüht sein; andererseits muß er seine Autorität als ihr neuer Vorgesetzter festigen. Da er eine „bekannte Größe“ ist, fällt ihm dieser Übergang niemals leicht. Die Untergebenen werden ihn auf die Probe stellen, um sowohl die Grenzen seiner Loyalität ihnen gegenüber als auch den Grad seiner Standfestigkeit als Vorgesetzter zu erkunden.

Zeigen Sie ihnen also durch Ihr Tun, daß Sie ihr fachliches Können respektieren. Ihre Autorität bringen Sie zunächst dadurch zur Geltung, daß Sie am ersten Tage in Ihrer neuen Rolle ein kurzes, zwangloses Treffen organisieren. Erwähnen Sie dabei die Probleme der Abteilung, die Sie schon diskutierten, als Sie noch Kollegen waren, und bitten Sie um Vorschläge zur Lösung. Ihre alte Mannschaft wird ihre Selbstachtung gestärkt sehen; Sie aber gewinnen Respekt als innovativer, kommunikativer Führer.

Fort mit dem Alten, her mit dem Neuen!

Dieses traditionelle Schlagwort soll an sich einen reibungslosen Übergang bewirken. Leider ist das nicht immer so leicht, wie es klingt.

Ich denke dabei an Dave, der als Ingenieur ein Genie war. Seine gescheite Art, auch die komplexesten Probleme auf ihren Kern zu reduzieren, hatte ihn zu einem Problemlöser gemacht, auf den das obere Management zwangsläufig aufmerksam werden mußte. Es dauerte nicht lange, bis er den Lohn für seine Sachkenntnis erhielt — und bald war er der Boß.

Und dennoch gelang ihm nie der Übergang vom Angestellten zum Manager. Die Fallgrube, in die er stolperte, war seine eigene brillante Vergangenheit. Zwar hatte man Dave's analytische Fähigkeiten erkannt und anerkannt. Um aber als tüchtiger Manager Erfolg zu haben, hätte er genau die kreativen und analytischen Aufgaben, die ihn so erfolgreich gemacht hatten, nun an andere delegieren müssen. Stattdessen hielt er sich nach wie vor an die mit seiner früheren Position als Ingenieur verbundenen Aufgabenbereiche — womit er sich selbst und seine Untergebenen um die Gelegenheit betrog, sich fortzuentwickeln. Nach kurzer Probezeit kehrte Dave in den Ingenieurberuf zurück — bei einer anderen Firma.

SEINE VERGANGENHEIT HINTER SICH LASSEN
BEDEUTET, NICHT VERGESSEN,
WOHER MAN KOMMT.

Zu irren ist ... ein gutes Zeichen

Wer nie Entscheidungen trifft, hat auch keine Gelegenheit zu irren. Und wer seine Fehler an einer Hand abzählen kann, der kann seine Erfahrungen gewöhnlich an der anderen abzählen.

Der Manager hat die Verantwortung, seine Untergebenen zum Experimentieren zu ermuntern, vor allem, wenn die Innovation dem Kopf eines Angestellten entsprungen ist. Dabei muß der Manager jedoch auf Irrtümer gefaßt sein — und bereit sein, aus den Fehlern eines Angestellten eine solide Erfahrung zu machen, aus der alle etwas lernen.

Eine meiner jungen Handelsvertreterinnen kam mit einem Problem zu mir. Ein neuer Kunde hatte ihr einen Auftrag in Höhe von fünftausend Dollar erteilt, jedoch unter einer Bedingung: die Ware mußte bis zum anderen Morgen geliefert werden. Bisher hatte dieser Kunde sich nie für unsere Firma interessiert. Mein Argwohn wurde noch dadurch gestärkt, daß dieser Eilauftrag ohne Rücksicht auf den Preis erteilt worden war. Das konnte ein Signal sein, daß der bisherige Lieferant dem Kunden vielleicht den weiteren Kredit gesperrt hatte. Also wies ich meine Handelsvertreterin an, Erkundigungen über den Kunden einzuziehen. Bei Bestätigung der Kreditwürdigkeit sollte der Auftrag ausgeführt werden.

Drei Monate später meldete der Kunde Zahlungsunfähigkeit an, und wir waren um fünftausend Dollar ärmer. Ich fragte meine Angestellte, ob sie sich auftragsgemäß erkundigt hatte. Das hatte sie nicht. Nach einigem verlegenen Gestammel fragte sie mich, ob ich ihr die Summe vom Gehalt abziehen würde. Das würde ich nicht tun, antwortete ich. Dann fragte sie, ob ich sie vor die Tür setzen wolle. „Zum Teufel, nein", antwortete ich. „Ich habe soeben fünftausend Dollar ausgegeben, um Sie zu schulen." Die junge Dame wurde später sogar Bezirksleiterin und hat, soweit mir bekannt, niemals versäumt, die jüngeren Vertreter anzuweisen, die Motive eines neuen Kunden zu verifizieren.

Bei einem Auftrag von 100000 Dollar hätte ich mich anders verhalten. Fünftausend jedoch schienen mir ein kleiner Preis im Austausch gegen einen Schatz an Erfahrung. Übrigens wirft mein damaliges Verhalten noch heute Dividenden für die Branche, die Firma und die Karriere meiner Angestellten ab.

ERFAHRUNGEN SAMMELN KANN TEUER KOMMEN. LANGFRISTIG WIRD ES JEDOCH HOHE DIVIDENDEN ABWERFEN.

Manager, die von draußen kommen

Manager, die noch keine längere Berufserfahrung oder nur begrenzte Kenntnisse über die von ihnen geleitete Abteilung oder von ihnen beaufsichtigten Tätigkeiten besitzen, verfügen an sich über eine solide Grundlage, das Beste aus ihren Untergebenen herauszuholen. Denn sie sind praktisch gezwungen, zuzuhören und zu beobachten — und sei es nur aus Gründen der Selbsterhaltung.

Was Sie nicht wissen, kann Ihnen schaden

Da haben wir einen neu eingestellten Manager, der geradezu der Traumvorstellung des Personalchefs entspricht. Er ist erfahren, gereift, ein fähiger Allround-Mann, dessen schriftliche Bewerbung sich wie ein Musterbeispiel aus dem *Wall Street Journal liest.* Und doch ließe sich ein ganzes Buch mit dem füllen, was er nicht weiß — und womit er seine Abteilung kaputt machen kann.

Tüchtige Manager haben gelernt, ihre Unwissenheit zu ihren Gunsten zu nutzen. Gestehen Sie sich ein, mit welchen Bereichen Sie nicht vertraut sind, dann wird sich auch bald der beste Weg offenbaren, wie man die Sache anpackt. Handeln Sie trotz Unwissenheit, dann wird diese sehr bald deutlich erkennbar werden.

SOBALD TROTZ UNWISSENHEIT GEHANDELT WIRD, HÖRT JEDES LERNEN AUF.

Was der neueingestellte Manager nicht kennt:

- Seine Mitarbeiter. Achten Sie sorgfältig auf zwischenmenschliche Probleme oder Schwierigkeiten in der Betriebsmoral, doch halten Sie ein endgültiges Urteil einen Monat lang zurück. Fegen Sie nicht das Haus, bevor Sie nicht sicher sind, den Schmutz auch überall zu sehen.

- Einzelheiten des Jobs eines Untergebenen. Je überzeugter Sie davon sind, ein besseres ‚Dingsda' bauen zu können als Ihr Angestellter, desto größer sind die Chancen, daß Sie lauter ‚Dingsdas', aber keine Abteilung bauen werden.

- Das obere Management: Was Sie bei einem Vorstellungsgespräch erfahren, ist nicht immer das, was Sie dann auch erhalten. Achten Sie auf Einzelheiten, die Ihnen Hinweise auf Vorlieben und auf Reizpunkte Ihres Chefs geben, bevor Sie handeln.

- Die Arbeitsweise des Büros. Auf jede Aktion folgt eine entsprechende *Reaktion.* Greift man zu früh in die überkommene Arbeitsweise des Büros ein, wird die Produktivität unter der Verwirrung und dem Widerstand der Betroffenen leiden.

Die erste Woche: Basistraining für Neueingestellte

„Ich hatte meine Aktentasche noch gar nicht richtig hingelegt, da begannen meine Untergebenen bereits, mich mit Klagen über die Probleme der Abteilung zu überhäufen“, erzählte mir ein neu eingestellter Betriebsinspektor. „Wie ich darauf reagiert habe? Ich habe den Fahrplan studiert, um ja nicht den nächsten abfahrenden Zug zu verpassen.“

Vieles spricht dafür, daß man Sie nicht eingestellt hätte, wäre Ihr Vorgänger ein erfolgreicher Manager gewesen. Vielleicht hat er Ihnen auf dem Schreibtisch einen ganzen Berg an Herausforderungen hinterlassen. Doch ließ er Ihnen auch das Allheilmittel zu ihrer Überwindung: Ihre Mitarbeiter.

Vierzig Stunden richtigen Zuhörens

Ihre Untergebenen können die Zeit Ihrer Einarbeitung in den neuen Job praktisch um die Hälfte verkürzen! Machen Sie Ihre Mitarbeiter gleich bei Antritt Ihrer neuen Stellung zu Partnern bei der Behebung von Schwierigkeiten — und natürlich auch zu Partnern des späteren Erfolgs. Dann werden sie wie ein Mann hinter Ihnen stehen.

Wie man Kommunikationsleitungen frei macht

Die wechselseitige Abhängigkeit zwischen dem Manager und seinen Untergebenen ist die Grundlage eines wirksamen Kommunikationsnetzes. Lassen Sie Ihre Mitarbeiter schon beim ersten zwanglosen Beisammensein wissen, daß Sie sie brauchen. Ermuntern Sie jeden Angestellten, sich vorzustellen und seinen Job zu beschreiben. Anschließend sondieren Sie, ob spezifische Probleme bestehen. („Wie hat der Umsatzrückgang Sie persönlich beeinflußt?“) Nirgendwo anders sind die Probleme einer Abteilung spürbarer als bei den einfachen Angestellten. Versichern Sie Ihren Leuten, daß es für jedes Gruppenproblem auch eine Gruppenlösung gibt, und Sie werden schon bei Beginn Ihres Feldzuges zur Überwindung der Schwierigkeiten einen echten Teamgeist inspirieren.

Bitten Sie um Input

Wird die Unternehmenspolitik einseitig geändert, dann werden Sie bald nur noch ein Ein-Personen-Team sein. Nehmen Sie sich zehn Minuten, um die bestehende Herausforderung zu erläutern. („Wie Ihnen bekannt, ist diese Abteilung vom Umsatzproblem am schwersten betroffen.“) Dann bitten Sie die Mitarbeiter um deren Input hinsichtlich der geplanten Änderungen. („Glauben Sie, daß das Arbeitsklima verbessert werden könnte, wenn man einen Angestellten zum Vermittler und als Brücke zwischen dem Management und unserer Abteilung bestellt?“ Hören Sie auf Anregungen und seien Sie nicht überrascht, wenn Sie dabei erfahren, wieviel Sie nicht wissen.

Geben Sie Ihre Mängel offen zu

Ihre Untergebenen werden weniger Zeit brauchen, Ihr Wissen einzuschätzen, als Sie brauchen werden, das ihre zu bewerten. Geben Sie vor, mehr zu wissen, als tatsächlich der Fall ist, dann werden Achtung und Vertrauen ihrer Untergebenen platzen wie eine Seifenblase. Wer blufft, fordert heraus, daß man ihn auf die Probe stellt.

„Ich weiß nicht"

Das ist eine der wirksamsten — und am wenigsten gebrauchten — Feststellungen, die ein Manager treffen kann. Sprechen Sie diese drei Worte aus, und Sie erhalten Ihre Glaubwürdigkeit. Hängen Sie eine positive, zuversichtliche Aufforderung daran („Vielleicht sollten wir versuchen, die Antwort gemeinsam zu finden"), und Sie haben das Band zwischen sich und den Untergebenen gefestigt.

„ICH WEISS NICHT" – EINE DER WIRKSAMSTEN UND DOCH NUR SELTEN GEÄUSSERTEN BEMERKUNGEN, DIE EIN MANAGER ÜBERHAUPT MACHEN KANN.

Vom Neuling zum Manager: Ein Acht-Punkte-Plan

1. Sobald Sie merken, was Sie alles nicht wissen, geben Sie die Unkenntnis zu und bitten Sie um Hilfe.
2. Verzichten Sie auf ständige Vergleiche zwischen Ihrer alten Firma und dem neuen Arbeitgeber. Sonst überzeugen Sie vielleicht noch einige wertvolle Mitarbeiter, daß das Gras anderswo grüner ist.
3. Lassen Sie Ihre Mitarbeiter spüren, daß deren Input für ihre Tätigkeit wie für *die Ihre* entscheidend ist.
4. Hinterlassen Sie nicht den Eindruck, als sei dieser Job nur eine Zwischenstation auf dem Weg an die Spitze. Angestellte arbeiten gerne mit einem Gefühl von Beständigkeit.
5. Versprechen Sie nichts, was Sie nicht halten können.
6. Seien Sie bei der Beurteilung der Mitarbeiter objektiv und zurückhaltend. Einige sind gute Arbeiter, andere gute Schauspieler.
7. Kritisieren Sie nie einen anderen Vorgesetzten, Manager oder Angestellten wegen einer schlechten Entscheidung oder Leistung. Wenn Sie nicht über alle Fakten verfügen, könnten Sie nur unnötige Rivalität schaffen.
8. *Hören Sie zu* — lernen Sie Ihre Untergebenen kennen und lernen Sie dabei auch Ihren eigenen Job kennen.

Reagieren Sie auf Erfolge und Fehlschläge mit der Pflege des „Wir"-Gefühls

Zeigen Sie Wertschätzung für die Leistung des einzelnen, doch stellen Sie auch die Bedeutung des Teams heraus. Nehmen Sie Anteil an dem guten Gefühl, das der Erfolg mit sich bringt, und Sie werden spüren, wie es sich vervielfältigt. Verringern Sie die Gefühle von Frustration, die aus Fehlschlägen entstehen, und letztere werden ebenfalls abnehmen.

Gewähren Sie finanzielle Sonderleistungen

Es ist durchaus nicht falsch, etwas mit harter Münze auszudrücken. Wer den einzelnen Angestellten am spürbaren Nutzen seines Arbeitsbeitrages teilhaben läßt, der beweist ihm, daß seine Arbeit geschätzt wird — und motiviert damit Kreativität.

3. Zuhören — das geräuschlose Managementwerkzeug, das Zuverlässigkeit schafft

Wer ist verantwortlich für die Verantwortungslosigkeit Ihrer Angestellten?

Antworten Sie mit Richtig oder Falsch:

1. Meine Angestellten wurden nicht als Eigenbrötler eingestellt. Sie sollen eine auf gemeinsame Aufgaben ausgerichtete Gruppe sein.
2. Ich bin der einzige in meiner Abteilung, der wirklich mit allen Schwierigkeiten fertig wird.
3. Sinkt die Produktion, ist alleine der Angestellte dafür zu tadeln.
4. Ein Angestellter, der nicht alle Anweisungen befolgt, ohne Fragen zu stellen, ist ein aufsässiger Mitarbeiter.
5. Der Briefkasten für Anregungen und Vorschläge ist das Kennzeichen für einen schwachen und unkonzentrierten Manager.

Dieses Quiz ist der Beweis dafür, daß die Wahrheit weh tut. Je häufiger Sie die obigen Feststellungen mit Richtig beantwortet haben, desto wahrscheinlicher ist es, daß Ihre Angestellten nichts zum Arbeitsumfeld beitragen, daß ihre Produktion nicht den Erwartungen entspricht und daß *Sie* selbst mehr ein Hindernis als eine Hilfe sind.

Wie man in den Wald hineinruft, so schallt es heraus

Bieten Sie jemandem einen Job, der gut bezahlt wird, und er wird Ihnen dafür seiner Hände Arbeit zurückgeben. Bieten Sie jemanden einen Job, dessen Entgelt auch noch seine Selbstachtung steigert, und er wird Ihnen nicht nur seine Hände, sondern auch seinen Verstand und seine Sympathie schenken.

ANERKENNUNG WEM ANERKENNUNG GEBÜHRT. IHRE MITARBEITER WERDEN ES MIT VERMEHRTEM INTERESSE VERGELTEN.

Positive Reaktion — Wurzel des Verantwortungsgefühls

Die Zuversicht, auf seinen Job stolz sein zu können, wird nicht in der Lohntüte oder auf dem Gehaltsstreifen mitgeliefert. Nur die positive Reaktion eines Managers kann den Unterschied zwischen einer geleisteten und einer *gut* geleisteten Arbeit hervorheben. Wer eine solche Reaktion zurückhält, beraubt den Mitarbeiter der Gelegenheit, Verantwortung zu übernehmen. Reagieren Sie freimütig, und Sie machen vielleicht aus einem einfachen Job eine befriedigende Karriere.

DER LOHN DER ARBEIT SOLLTE NICHT NUR DIE BRIEFTASCHE FÜLLEN, SONDERN AUCH DAS EGO BEREICHERN.

Die richtigen Worte finden

Wieviele der folgenden produktivitätssteigernden Reaktionen gehören zu Ihrem Repertoire als Manager?

- „Wie sollten wir Ihrer Meinung nach die Sache anpakken?" Fordern Sie den Mitarbeiter auf, seine Meinung zu äußern und über den offiziell gesteckten Rahmen seines Jobs hinaus Verantwortung zu übernehmen. Ihm wird damit versichert, daß sein Wert über die Grenzen seiner eigentlichen Tätigkeit hinausreicht. Er wird dann auch darauf achten, daß sein Input sich als richtig erweist.

- „Bitte machen Sie weiter so, bis die Aufgabe erledigt ist!" Geben Sie einem Untergebenen die Gelegenheit, ein Projekt zu „seinem Baby" zu machen, dann werden Sie nur noch seine Fersen sehen. Investieren Sie Vertrauen in einen fähigen Mitarbeiter, und er wird alles tun, Sie nicht zu enttäuschen.

- „Sie haben doch Erfahrungen mit älteren Maschinen, Mary. Meinen Sie, wir könnten die Leistung steigern, wenn wir die durch neue ersetzen?" Der Schlüssel zur Verantwortung ist das Einbeziehen der Mitarbeiter in Entscheidungen. Machen Sie die Angestellten zu Partnern der Zukunft Ihres Unternehmens, und sie werden ihre Zukunft in *Sie* investieren.

- „Das ist eine großartige Idee, Sue. Die werden wir gleich ausprobieren." Man sagt, Genie sei ein Teil Inspiration und neun Teile Schweiß. Belohnen Sie jede Anregung, und Sie setzen damit etwas in Gang — außerdem erhalten Sie ein zuverlässiges Leistungsniveau der Mitarbeiter.

Gehören Sie zu denen, die Zuverlässigkeit kaputt machen?

Erscheint Ihnen eine der folgenden destruktiven Äußerungen sehr vertraut, dann sind sehr wahrscheinlich Sie selbst die Ursache Ihrer eigenen Produktivitätsprobleme:

- „Schön, und was hätten Sie stattdessen getan?" Wer nach der Meinung seiner Untergebenen fragt, *nachdem* sein einseitig gefaßter Plan fehlgeschlagen ist, der schafft einen Intelligenzwettstreit zwischen sich selbst und seinen Angestellten. Wollen Sie wirklich erwarten, daß Ihnen viele Anregungen und Vorschläge zufließen, wenn Sie jede abweichende Meinung als Schlag gegen Ihr Ego empfinden?

- „Ich habe beschlossen ..." Scheitert der Plan eines einzelnen, dann ist es das Problem eines einzelnen. Schalten Sie Ihre Mitarbeiter aus dem Entscheidungsprozeß aus, dann entlassen Sie sie aus ihrer Verantwortung.

- „Nach meiner langjährigen Erfahrung ..." Jeder Manager, der Vorschläge seiner Untergebenen mit Hinweis auf seinen höheren Rang abtut, sollte besser die umfangreiche Erfahrung besitzen, deren er sich brüstet. Er wird sie wirklich brauchen!

Wie man der „Das geht nicht"-Haltung begegnet: Ein Sieben-Punkte-Plan

1. Die passendste Antwort auf „Das geht nicht" ist „Warum nicht?".
2. Machen Sie Ihrer Mannschaft klar: „Das geht nicht" wird grundsätzlich nicht als endgültige Antwort auf ein Problem oder eine Chance akzeptiert.
3. Ermuntern Sie Ihr Team zu einem kollektiven Denkprozeß, der sich auf kreative, einfallsreiche Alternativen konzentriert.
4. Behandeln Sie Probleme wie Herausforderungen, die bewältigt werden müssen.
5. Seien Sie der positiven Ansicht, daß es für jedes Problem eine Lösung gibt.
6. Vermitteln Sie Ihren Leuten die folgende Botschaft: Etwas, was zum ersten Male getan werden soll, ist niemals unmöglich.
7. Daß etwas versucht und nicht erreicht wurde, macht es noch lange nicht unmöglich.

4. Richtiges Zuhören bedeutet: Nie hören müssen „Das geht nicht"

Variationen über ein Thema

„Das haben wir alles schon versucht, aber es hat nicht funktioniert." „Ich glaube nicht, daß wir über die Mittel verfügen, einen Plan solchen Ausmaßes durchzuführen." „Wie groß ist übrigens der Spielraum für Irrtümer in dieser Angelegenheit?"

Wie immer man es formuliert, der Sinn bleibt derselbe: „Das geht nicht, das schaffen wir nicht." Wiederholen Sie diesen Spruch oft genug, und er wird zu einer Prophezeiung, die sich selbst erfüllt und zerstört.

Die Macht negativen Denkens

„Das geht nicht" — diese Mitteilung ist fast zu einem unheilvollen Mantra geworden. Wo immer ich mich aufhielt, in jahrhundertealten Fabriken an der Ostküste oder in den supermodernen Büros an der Bucht von San Francisco, immer wieder hörte ich dieses Echo — von Arbeitern, Vorgesetzten, ja selbst von Generaldirektoren. Ist überhaupt irgendein Arbeitsplatz gegenüber der Macht negativen Denkens immun? Ich glaube schon — denn in allen Abteilungen, denen ich einmal vorgestanden habe, habe ich mich bemüht, das Wort „unmöglich" auszumerzen.

„Das geht nicht" — eine inakzeptable Ausrede

Warum kann „das geht nicht" als Antwort auf ein Problem oder eine Chance grundsätzlich nicht akzeptiert werden? Weil das eine Lüge ist, schlimmer noch, eine allzu leichte

Lüge, die fast so automatisch über die Lippen kommt wie das Atmen. Das ist unsere angsterfüllte Reaktion auf ein innovatives Programm, das unserer Abteilung vielleicht mehr Arbeit aufhalsen könnte. Es ist unsere Methode, jedem rivalisierenden Manager ein Bein zu stellen, dessen Gedanken auf unser Territorium überzugreifen scheinen. Am schlimmsten jedoch: Es ist eine Ausrede für Manager und Arbeiter, das Denken einzustellen.

DAS GEHT NICHT – UNSERE AUSREDE,
UM MIT DEM DENKEN AUFZUHÖREN.

Die richtige Einstellung: „Das packen wir“

Betrachten wir den Bereich des angeblich „Unmöglichen“ jedoch als unerforschtes Territorium, dann kann sich die Landkarte unseres Lebens und das Ziel unserer Laufbahn an Umfang und Tiefe verdoppeln. Unser Denken konzentriert sich dann darauf, „wie wir es schaffen“, und der Teil unserer Energie, der nicht mehr für das Erfinden von Ausreden benötigt wird, fließt in positivere Richtung.

Positives Management

Im Grunde möchte kein Angestellter die Behauptung „Das geht nicht“ als Credo akzeptieren. Denn die dadurch gesetzten Grenzen wirken lähmend. Das Wachstumspotential ist gleich Null. Dennoch tappen die Angestellten in die Falle der leichten Lüge und Ausrede, vor allem wenn sie einen „das geht nicht“-Manager zum Vorgesetzten haben. Nutzen Sie die nachfolgenden Hinweise, um sich aus dem Griff des negativen Denkens zu befreien und Ihren tüchtigen Untergebenen einen Freiraum für kreatives Denken zu verschaffen, um objektiv zu urteilen und das „Unmögliche“ zu einer gewinnbringenden Wirklichkeit zu machen:

- Versuchen — und immer wieder versuchen. „Das haben wir alles schon versucht, aber es hat nicht funktioniert.“ Negative Äußerungen, die vielleicht in der Geschichte der Firma ihren Ursprung haben, halten den Angestellten nicht nur von Fortschritten ab, sondern können im ganzen Betrieb ein Gefühl der Hoffnungslosigkeit verbreiten. Konzentrieren Sie sich stattdessen auf das Positive, etwa durch folgende Fragestellung: „Was würden Sie unternehmen, um ein besseres Ergebnis zu erzielen?“ Der Angestellte wird dadurch genötigt, die Möglichkeiten zu überdenken und vermeintliche „Unmöglichkeiten“ beiseite zu schieben.
- Stellen Sie das Positive heraus. Wer mit negativer Einstellung an ein Problem herangeht, macht gewissermaßen einen Umweg. Möglicherweise kommt auch er dort an, wohin er will, aber erst nach meilenweitem Umweg.

Als neueingestellter Manager einer großen Vertriebsabteilung war es meine Aufgabe herauszufinden, warum die Betriebsmoral und mit ihr die Umsätze so abgesunken waren. Die Antwort fand ich an dem Ort, wo ich sie am wenigsten erwartet hatte — in der obersten Schublade meines Schreibtisches.

Daß die Verkäufer verpflichtet sind, nach jedem Telefonat ein Berichtsformular auszufüllen, gehört in den meisten Firmen zur Routine. Die Berichte jedoch, die ich in meiner Schublade fand, waren so negativ, daß ich überzeugt war, sie seien an einigen Problemen der Abteilung mitschuldig.

„Auftrag verloren — warum?“

Der leere Raum auf dem Formular unter dieser Überschrift war besonders groß gehalten. Dabei war das, so weit ich sehen konnte, die reinste Platzverschwendung. Er lud den berichtenden Angestellten geradezu ein, den Kopf einzuziehen, und bot dem Manager jede Möglichkeit für Ausreden statt für positiven Input. Meine Einschätzung wurde bestätigt, als ich die von meinen Mitarbeitern während des letzten Monats eingereichten Berichte durchblätterte. Jedes Formblatt schloß mit der einfachen und tiefgründigen Botschaft — „das können wir nicht.“

Ich reagierte darauf in zweifacher Weise. Zunächst einmal organisierte ich eine zwanglose Zusammenkunft aller Mitarbeiter zum Thema *Möglichkeiten.* Danach bestellte ich den Drucker. In weniger als einer Woche war die Überschrift „Auftrag verloren — warum?“ ersetzt durch „Maßnahmen zur Wiedergewinnung verlorener Aufträge“, und zwar auf dem Formblatt wie in den Köpfen meiner Angestellten. Von diesem Augenblick an faßte die Verkaufsorganisation wieder Tritt.

Eine kraftspendende Spritze

Treten bei einer geschäftlichen Aktivität Managementprobleme sowie Schwierigkeiten beim Umsatz, der Produktion oder der Verarbeitung auf, dann ist das dafür verantwortliche Team durch die Macht negativen Denkens krank geworden. Es gehört zwar zu den Pflichten eines Managers, die Probleme seiner Abteilung zu diagnostizieren, doch kann eine allzu lange Gruppendiskussion der Störungen die negativen Symptome nur verstärken. Sobald Sie sich der Natur der Krankheit gewiß sind, konzentrieren Sie sich ganz auf die Heilung. Reden Sie Ihren Leuten gut zu, wieder positiv zu denken; suchen Sie nach Lösungen, statt im Negativen zu wühlen, dann wird selbst die am stärksten von Schwierigkeiten betroffene Abteilung sich bald wieder auf dem aufsteigenden Ast befinden.

Vom Lächerlichen zum Sublimen

Genialität ist die Fähigkeit, die Fesseln irdischen Denkens zu sprengen. Um diese Managementmethode funktionieren zu lassen, müssen Sie bereit sein, allen Arten von Anregungen nachzugehen, von den logischen bis zu den lächerlichen. Und je mehr Sie zuhören, desto weniger oft werden Sie dann die verbreitete Ausrede zu hören bekommen: „Das geht nicht."

GENIALITÄT IST DIE FÄHIGKEIT, DIE KETTEN IRDISCHEN DENKENS ZU SPRENGEN.

5. Zuhören — Mutter der Innovation

Ein Manager, der richtig zuhört, positiv reagiert und seine Untergebenen zu selbständigem Denken ermutigt, schafft eine für Kreativität günstige Atmosphäre. Pflegen Sie die Saat der Kreativität und lenken Sie sie in die richtige Richtung, dann wird der Einfallsreichtum der Mitarbeiter wachsen. Konzentrieren Sie sich auf den Einfallsreichtum, und die Innovation wird Wurzeln schlagen.

Wie man Kreativität fördert

„Könnte ich die kreativen Bemühungen meiner Handelsreisenden bei der Aufstellung ihrer Spesenabrechnungen zügeln und auf das Verkaufen konzentrieren, dann würden wir unsere Umsätze um 25 Prozent steigern." Das ist die scherzhafte Redensart eines alten Verkaufsleiters, und ich konnte seiner Reaktion entnehmen, daß *er* sie für komisch hielt. Eines war daran jedoch überhaupt nicht komisch: Er hatte damit auf einen kurzen Nenner gebracht, daß er selbst die Ursache der Probleme seiner Abteilung war. Obwohl er die Fähigkeit seiner Leute kannte, kreativ zu sein, war er nicht geneigt, auch nur einen Finger zu rühren, um diesen Zündfunken von Genialität zu pflegen.

Kreativität muß gepflegt werden

Einfallsreichtum, der nicht trainiert wird, ist bald untrainierbar. Nicht beachtete Kreativität wird niemals Wurzeln schlagen. Unbeachtete Innovation läßt nach. Pflegen Sie jedoch ein Klima wechselseitiger Unterstützung, dann werden Ideen und die Betriebsmoral aufblühen.

WER DEN SAMEN DER KREATIVITÄT PFLEGT UND IN DIE RICHTIGE RICHTUNG LENKT, WIRD DEN EINFALLSREICHTUM SEINER MITARBEITER AUFBLÜHEN SEHEN.

Gute Ideen: Bausteine für großartige Ideen

Fran, Leiterin der Kundendienstabteilung, war stolz auf ihre Innovation. Das von ihr ersonnene Verfahren, mit den Kunden durch Telekommunikation Kontakt aufzunehmen, wirkte sich sehr positiv auf die Abteilung aus. Sie wäre schon damit zufrieden gewesen, eine *gute* Idee beigesteuert zu haben. Ihr Manager jedoch ermunterte sie, daraus eine *großartige* zu machen.

„Das ist super, Fran! Glauben Sie, wir könnten diese Lösung auch auf andere Bereiche der Firmenarbeit ausdehnen?" Diese Herausforderung war alles, was Fran hören wollte. Kurz danach fand ihre erweiterte Idee den Weg bis zum Büro des Generalmanagers — und jetzt sitzt Fran in einem eigenen Büro.

Brainstorming: Eine Übung in Massenkreativität

Räumen Sie Unsicherheiten aus, die Ihre Mitarbeiter bei ihrem Bestreben haben könnten, kreative Vorschläge zu machen. Organisieren Sie zu diesem Zweck kurze und zwanglose *brainstormings* mit allen Angehörigen der Abteilung. Schildern Sie kurz das zur Debatte stehende Problem; dann können Sie sich bequem zurücklehnen und der Kreativität Ihrer Mitarbeiter freien Lauf lassen! Demonstrieren Sie Ihr Interesse und Ihre Bereitschaft, *alle* Anregungen aufzugreifen (seien sie auch noch so unpraktisch!), indem Sie diese in der Reihenfolge notieren, in der sie gemacht werden. Greifen Sie nur ein, um die Aussprache beim eigentlichen Thema zu halten und weiterführende Fragen aufzuwerfen. Dann haben Sie die Tür der Kommunikation weit geöffnet — und auch den Geist der Mitarbeiter für kreatives Denken freigemacht.

Seien Sie kritisch, nicht heuchlerisch

Auch wenn der Manager die Verpflichtung hat, die Kreativität seiner Untergebenen zu stimulieren, hat er die Verantwortung, das Drängen der Angestellten auf Innovationen richtig zu kanalisieren. Nicht trainierter Einfallsreichtum wird bald untrainierbar. Kreative Vorschläge, die zwar nicht kritisiert aber auch nicht ausprobiert wurden, können den Angestellten so frustrieren, daß er seine guten Ideen künftig für sich behält.

Die Straße zu konstruktiver Kritik ist wirklich sehr schmal. Ob Sie nun den Drang zur Kreativität durch falsche Freundlichkeit abwürgen oder durch negatives Verhalten ersticken — ein Schritt in die falsche Richtung kann jede Innovation zu einer Sackgasse machen.

GUT AUFGENOMMENE KONSTRUKTIVE KRITIK WIRD BALD IN LOB UMSCHLAGEN.

Verfehlt die Idee eines Mitarbeiters das Ziel, kontrollieren Sie die Zielscheibe

Haben Sie stets ganz deutlich gemacht, was Sie von den Angestellten erwarten? Eine neutrale Bemerkung wie „Vielleicht habe ich nicht genug Details des Projektes beschrieben“, öffnet die Leitungen der Kommunikation. Lassen Sie eine unverbindliche Frage folgen, etwa: „Was meinen Sie, was ich mit einem neuen EDV-System bezwecke?“ Da werden Sie schnell an die Wurzel jedes Kommunikationsproblems kommen.

Stellen Sie das Positive heraus

Erwiesen die Vorschläge eines Mitarbeiters sich als undurchführbar oder kurzsichtig, dann beginnen Sie Ihre Kritik dennoch mit einem aufrichtigen Kompliment. („Ihre Beurteilung des Problems insgesamt ist schon durchaus richtig.“) Dann lassen Sie eine nicht auf Konfrontation zielende, *objektive* Analyse des Irrtums folgen. („Ich meine jedoch, wir sollten uns den zweiten Teil und seine Auswirkungen auf unsere Aktivitäten näher ansehen.“)

Denken Sie daran: Konstruktive Kritik ist ein Werkzeug, das die Aufmerksamkeit auf das Wesentliche konzentriert. Bei intelligenter und einfühlsamer Anwendung werden Ihre Mitarbeiter sich wirklich angeleitet fühlen. Nutzen Sie dieses Werkzeug als Waffe, dann wird der Schuß nach hinten losgehen.

6. Was man aus schriftlicher Kommunikation heraushört

Richtiges Zuhören bedeutet nicht nur das Entschlüsseln verbaler Signale. Es bedeutet auch, sich bei schriftlicher Kommunikation einfühlsam zu verhalten. Obwohl es natürlich hilfreich ist, wenn man den Hintergrund und die Persönlichkeit des Schreibers kennt, so können doch einige wichtige Elemente der Kommunikation nicht nur in, sondern zwischen den Zeilen verborgen sein.

Zwischen den Zeilen lesen

Lesen Sie den nachstehenden Brief sorgfältig. Dann schreiben Sie auf ein Blatt Papier, was Mr. Johnson in diesem Brief an Miss Davis auszudrücken versucht.

Alice Davis, Präsidentin
Good Folding Box Company

Sehr verehrte Miss Davis,

zu meinem großen Bedauern muß ich Ihnen mitteilen, daß wir unsere Verbindung zu Ihrer Firma wegen unzureichender Berücksichtigung unserer Belange im Verlauf des vergangenen Jahres lösen müssen. Wir sind zwar der Ansicht, daß Ihr Zwischenhändler Bob Smith mit uns sehr gut zusammengearbeitet hat. Doch haben seine Anrufe und Briefe an Ihre Zentrale nicht die gewünschten Ergebnisse gebracht.

Wir bedauern sehr, daß wir zu dieser Entscheidung gezwungen werden. Schließlich blicken wir auf eine lange und zumeist produktive Zusammenarbeit zurück. Wir rechnen jedoch auf Ihr Verständnis für unseren Standpunkt, daß guter Service und pünktliche Lieferung auf dem Markt für verderbliche Lebensmittel von überragender Bedeutung sind.

Mit vorzüglicher Hochachtung
Chuck Johnson
Leiter der Einkaufsabteilung
Creative Flowers, Inc.

Was teilt Chuck Johnson der Good Folding Box Company, einem Hersteller von Verpackungsmaterial, in seinem Brief in Wahrheit mit? „Ich bin immer noch bereit, unsere Geschäftsbeziehung weiterzuführen."

Die Botschaft hinter jedem Geschäftsbrief

„Ich bin wegen unserer Zusammenarbeit besorgt." Ein Klient oder Kunde, der nicht besorgt ist, ist auch nicht der Mann, der sich die Zeit zum Schreiben nimmt.

Johnson's Brief sollte der Good Folding Box Company signalisieren, daß sie auch weiterhin den Bedarf von Creative Flowers, Inc. decken könnte. Die relativ freundliche Redewendung „zu meinem Bedauern ..." ist eine ehrliche Feststellung der Enttäuschung. Der Tadel wird jedoch gemildert durch den Satz „Bob Smith hat mit uns sehr gut zusammengearbeitet". Den Schlüssel zum Verständnis liefert jedoch der Satz „Wir rechnen jedoch auf Ihr Verständnis für unseren Standpunkt, daß guter Service und pünktliche Lieferung auf dem Markt für verderbliche Lebensmittel von überragender Bedeutung sind." Das ist ein Hinweis auf den Bedarf von Creative Flowers, ein Hinweis, der kaum notwendig wäre, sollte die Geschäftsbeziehung endgültig gelöst werden.

WELCHE BOTSCHAFT SIE AUCH ÜBERMITTELN WOLLEN: SIE SCHRIFTLICH AUSZUDRÜCKEN BESAGT, DASS ES IHNEN ERNST DAMIT IST.

Ein Brief als Symptom für tiefer sitzende Probleme

Wenn nun Good Folding Box tatsächlich ein schlechter Lieferant gewesen wäre? Dann könnte eine gewiefte Miss Davis sich fragen, warum Creative Flowers an weiteren Geschäftsbeziehungen interessiert sind. Liegt es an den Preisen des Lieferanten? Sind die vielleicht zu niedrig? Hat der Zwischenhändler ein zu enges Verhältnis zum Kunden? Versucht Mr. Johnson etwa, den Preis zu drücken?

Übersehen Sie also nicht die Botschaften, die zwischen den Zeilen zu finden sind. Was da noch verborgen ist, *muß* herausgelesen werden.

Bei der Analyse schriftlicher Kommunikationen ist Vorsicht geboten, weil etwas mit ihnen assoziiert ist, was bei verbaler Kommunikation nicht gegeben ist: Man kann nicht sehen oder genau wissen, wer den Brief wirklich geschrieben hat. Geschäftsbriefe können von anderen Personen aufgesetzt werden als von denen, die sie unterzeichnen, oder aber man benutzt sie als Versteck für „maskierte Botschaften".

BRIEFE SIND OFT SYMPTOM EINES TIEFER WURZELNDEN PROBLEMS ODER EINER SORGE.

Der maskierte Bote

Klingt die schriftliche Kommunikation eines Klienten oder Kunden nicht echt, dann könnte das bedeuten, daß der Brief von einem Vorgesetzten oder einem „maskierten Boten" diktiert wurde. Das Auftreten einer dritten Partei in einer bislang zweibahnigen Kommunikationsleitung signalisiert *immer* Gefahr. Ihr geschäftlicher Kontakt kann dicht vor dem Zusammenbruch stehen, oder aber die Vorgesetzten Ihrer Kontaktperson könnten versucht sein, *Ihre* Fähigkeiten neu zu bewerten.

Demaskieren Sie jeden maskierten Boten, bevor er sich bei Ihnen einschleicht, indem Sie auf folgende Hinweise in der Korrespondenz achten:

- Eine Terminologie, die für Ihre bisherige Kontaktperson ungewöhnlich ist.
- Eine formale Anrede. Wird die bisherige Anrede „Lieber John" auf einmal durch „Sehr geehrter Mr. Smith" ersetzt, deutet das auf unangenehme Konsequenzen.
- Die Einbeziehung *juristischer* Terminologie. Ein sicheres Anzeichen dafür, daß der Rechtsberater der Firma der maskierte Bote ist.
- Das Beharren auf der Forderung, Sie sollten schriftlich antworten, statt wie bisher persönlich oder telefonisch.
- Jeder Brief von Kontakpersonen oder Klienten, die sich normalerweise des Telefons als Kommunikationsmittel bedienen.

Briefe als ‚letzter Versuch'

Obwohl jeder Brief die Botschaft enthält, es sei jetzt an der Zeit, sich hinzusetzen und zuzuhören, ist das Sendschreiben ‚letzter Versuch' ein unverkennbares Signal, daß Sie einem wertvollen Geschäftspartner gegenüber taub gewesen sind. Nachstehend finden Sie zwei Beispiele für ‚letzte Versuche'. Die meisten Leser werden vielleicht glauben, daß diese Beispiele sich wesentlich voneinander unterscheiden. Tatsächlich jedoch vermitteln beide Briefe dieselbe einfache Botschaft: „Sie hören mir nicht zu!"

Mein erster Versuch, Sie am 5. Januar zu erreichen, wurde durch Ihre Sekretärin verhindert. Obwohl Sie mir versichert hatte, sie werde Sie ganz bestimmt über die Dringlichkeit der Angelegenheit informieren, telefonierte ich erneut, als ich bis zum Mittag des folgenden Tages nichts von Ihnen gehört hatte. Diesmal wurde mir gesagt, Sie seien in einer Besprechung.

Sie werden sich erinnern, daß ich meinen Auftrag an die Bedingung knüpfte, daß die Lieferung bis zum 2. Januar erfolgt. Ihr Schweigen und die Verzögerung der Lieferung sind für mich ein Hinweis darauf, daß Ihr Interesse an der Firma Weldon Manufacturing nicht über die Grenzen Ihrer Inkassoabteilung hinausreicht. Ich storniere daher meinen Auftrag und fordere Rückzahlung der von mir gezahlten $4,375 innerhalb von dreißig Tagen.

JEDER BRIEF DES TYPS ‚LETZTER VERSUCH' IST MIT GRÖSSTER DRINGLICHKEIT ZU BEHANDELN.

Den ‚letzten Versuch' mit Vorrang behandeln

Ein Geschäftspartner, der dazu genötigt wurde, mehr Aufmerksamkeit von Ihnen zu fordern, ist jemand, der zu der Einsicht gezwungen wurde, daß Sie ihn nicht mehr wichtig nehmen.

Wiedergutmachung mag in solchen Fällen nicht leicht (oder sogar unmöglich) sein. Doch ist es niemals zu spät, zuzuhören — und zu lernen. Behandeln Sie den ‚letzten Versuch' mit größter Priorität. Bestenfalls werden Sie das Vertrauen des Geschäftspartners zurückgewinnen; schlimmstenfalls werden Sie dabei etwas klüger. Beachten Sie folgendes:

● Antworten Sie auf den ‚letzten Versuch' sofort, und zwar persönlich oder telefonisch. Weiteres Abwarten bestätigt nur den schlimmen Verdacht der anderen Seite.

● Gebrauchen Sie keine Ausreden! Zwar mögen mildernde Umstände Sie an der Erfüllung Ihrer Pflichten gehindert haben, was jedoch hat Sie davon abgehalten, den Klienten über diese unerwarteten Umstände zu informieren? Für die fehlende Kommunikation gibt es keine Entschuldigung.

● Konzentrieren Sie sich auf das Positive. Fragen Sie den Klienten, was Sie tun können, um die von Ihnen verursachten Unannehmlichkeiten auszugleichen. Und dann tun Sie alles, um ihm Genugtuung zu verschaffen.

● Hören Sie zu — ohne den anderen zu unterbrechen — bis er alles gesagt hat, was er sagen wollte.

● Lassen Sie dem Telefonanruf einen Brief folgen. Was Sie darin auch schreiben — er sollte die grundlegende Botschaft enthalten: „Ich nehme mich persönlich der Sache an." Bekennen Sie sich zur gegenseitigen Abhängigkeit, indem Sie sich die Zeit nehmen, die Lösung des Problems schriftlich festzuhalten.

7. Zuhören bei der Managerkonferenz

Sind Sie mit der richtigen Einstellung dabei?

Beantworten Sie dieses Quiz innerhalb von drei Stunden nach der nächsten Managerkonferenz. Antworten Sie mit Richtig oder Falsch.

1. Sie verließen die Konferenz mit einem Gefühl der Leere. Auch jetzt noch fragen Sie sich, was Sie dort überhaupt gesagt haben.
2. Sie kamen zur Konferenz, ohne ihr Thema zu kennen.
3. Jetzt wissen Sie kaum mehr als vor der Konferenz.
4. Seit dem Ende der Konferenz haben Sie Kontakt mit anderen Angestellten aufgenommen, um zu klären, was darüber bekannt geworden ist.
5. Sie fragen sich, was andere Manager vom Ausgang der Konferenz halten.
6. Sie glauben, es bedürfe einer weiteren Konferenz, um die eben erst beendete vollständig zu klären.
7. Überlegen Sie, wann ein Angestellter Sie zum letzten Mal um Informationen über eine Änderung der Unternehmenspolitik befragt hat. Konnten Sie seine Fragen beantworten?

Jede Bejahung der ersten sechs Fragen bedeutet, daß Sie sich selbst betrügen, indem Sie am Konferenztisch geistesabwesend waren. Beantworten Sie Frage 7 mit Nein, dann bringt Ihre Unfähigkeit zum Zuhören Ihre Untergebenen um den Nutzen, einen Manager mit vollem Engagement als Vorgesetzten zu haben.

Eine Straßenkarte ist nutzlos,
wenn man nicht weiß, wohin man geht

Richtiges Zuhören ist die beste Straßenkarte. Lauschen Sie auf die Signale an Ihrem Arbeitsplatz, und Sie werden auf plötzliche scharfe Kurven, unerwartete Windungen oder unvorhersehbare Rückschläge in Ihrer Firma, Ihrer Laufbahn und im Umgang mit Ihren Untergebenen vorbereitet sein. Aber wohin marschieren Sie eigentlich?

Die Managerkonferenz — eine wichtige Verkehrsampel

Wer die geschäftlichen Trends teilnahmslos an sich vorbeiziehen läßt, den werden diese Entwicklungen bald hinter sich lassen. Schalten Sie sich voll engagiert mit Ihrem Gehör ein, dann wird Ihre Aufmerksamkeit sich auf das Wichtige konzentrieren. Die Managerkonferenz gibt Ihnen die Chance, den Fuß vom Gashebel zu nehmen und:

- Aufzutanken — neue Ziele festzusetzen, die Ihnen neue Anreize geben, sowie das Band zwischen sich selbst und den Kollegen zu festigen.

- Anweisungen einzuholen — um Ihre Aufmerksamkeit auf die vor Ihnen liegende Straße zu konzentrieren und die zurückgelegte Strecke objektiv zu bewerten.

- Reparaturen vorzunehmen — bei den Problemen, die sich hemmend auf Ihre Abteilung auswirken, wie bei denen, die die Marschrichtung des ganzen Unternehmens beeinflussen. Überprüfen Sie das Timing neuer Programme oder unternehmenspolitischer Maßnahmen und verstärken Sie gemeinsame Zielsetzungen.

Vorbereitung auf die Managerkonferenz: Ein Fünf-Punkte-Plan

Wer die folgenden Hinweise beachtet, wird aus den Konferenzen des Managerteams das Beste herausholen:

- Bauen Sie nicht nur die Zeit für die Konferenz, sondern auch die Ziele der Zusammenkunft in Ihre Arbeitswoche ein. Jedermann hört erfolgreicher zu, wenn er weiß, *worauf* er hören soll. Schreiben Sie das Ziel der Besprechung in Ihre Planung hinein; dadurch verbessern Sie die Möglichkeit, es auch zu erreichen.

- Halten Sie Ihre Ansichten über das Ziel schriftlich fest. Besprechungen bedeuten häufig Streß, und Anspannung kann das Gedächtnis nachteilig beeinflussen. Notieren Sie auch, was Sie bei der Konferenz vorzubringen gedenken, und notieren Sie während des Konferenzablaufs eventuelle Reaktionen auf Ihre Vorschläge. Schriftliche Aufzeichnungen über die Fortschritte — und Versäumnisse — des Managementteams geben Ihnen das Rüstzeug für die Beurteilung der Bedürfnisse des Unternehmens sowie eine Perspektive einzelner Persönlichkeiten.

- Achten Sie auf negatives Verhalten der anderen. Von dem Augenblick an, in dem die Probleme wichtiger werden als die Lösungen, macht das Team keine Fortschritte mehr und beginnt, Zeit zu vergeuden. Eine positive Frage oder Bemerkung ihrerseits, etwa „Was könnte Ihrer Ansicht nach meine Abteilung zur Lösung des Problems beitragen, John?" erspart Zeit und rückt das Wesentliche wieder in den Mittelpunkt.

● Nicht mit dem Finger auf andere zeigen. Sobald man zuläßt, daß ein strittiges Thema zu einer „heißen Kartoffel" wird, beginnt das nutzlose Spiel, den Schwarzen Peter weiterzugeben. Entschärfen Sie diese potentiell explosive Situation durch einen Appell an den Teamgeist: „Wenn die Lieferungen zu spät abgegangen sind, Nancy, dann ist das ein Problem des ganzen Unternehmens, nicht einer einzelnen Abteilung."

● Auf jeden Fall: Reagieren! Wer nur schweigend zuhört und es zuläßt, daß andere für ihn entscheiden, der überläßt die Zukunft seiner Abteilung einem lautstärkeren Manager, der vielleicht nur allzu froh ist, an Ihrer Stelle entscheiden zu können. Bewußtes Reagieren ist die Quelle jedes Verantwortungsgefühls! Unterstützen Sie die Interessen Ihrer Untergebenen, und diese werden Sie unterstützen.

Verbringen Sie zu viel Zeit mit Besprechungen?

Antworten Sie mit Ja oder Nein:.

1. Verbringen Sie mehr als zehn Prozent Ihrer Zeit in Besprechungen?
2. Gehört es zur üblichen Praxis, eine Besprechung mit einem Zeitplan für zwei weitere Besprechungen zu beenden?
3. Haben Abteilungs- und Planungskonferenzen Vorrang vor dem Besuch eines Kunden?
4. Sagen Ihr Ehepartner oder Ihre Freunde jemals: „Es scheint, daß Ihr Eure ganze Zeit mit Konferenzen verbringt"?
5. Haben Sie einen festen Konferenzplan für jede Woche, selbst wenn keine Themenliste dafür vorliegt?
6. Ist Ihre erste Reaktion auf ein Problem: „Lassen Sie uns das in einer Konferenz besprechen"?

Haben Sie auch nur eine dieser Fragen mit Ja beantwortet, dann benutzen Sie Konferenzen vielleicht als Krücken.

ENDET EINE KONFERENZ MIT DEM BESCHLUSS, WEITERE KONFERENZEN ANZUBERAUMEN, DANN SOLLTEN SIE DARÜBER NACHDENKEN, OB DIESE BESPRECHUNGEN NICHT NUR KRÜCKEN FÜR EIN UNFÄHIGES MANAGEMENT SIND.

Der Präsident einer Plastikerzeugnisse herstellenden Firma mit einem Umsatz von vielen Millionen Dollar bat mich nach dem Studium der schlechten Leistungen einer seiner Abteilungen um eine Empfehlung. Ich hatte eine ganz simple Antwort auf alle seine Probleme: Keine wöchentlichen Konferenzen der leitenden Manager mehr! Früher waren diese Konferenzen ein konstruktives Forum für richtungweisende Zielsetzungen gewesen. Inzwischen jedoch waren sie degeneriert zu Besprechungen, in denen die Manager mit dem Finger aufeinander zeigten und die Probleme des Unternehmens zum Anlaß nahmen, anderen *die Schuld zuzuweisen,* statt auf Abhilfe zu sinnen. Mein Diktum „Keine Konferenzen mehr" nötigte den Firmenchef, selbst die Zügel in die Hand zu nehmen, und die Manager, künftig ohne Krücken zu managen. Bald konnte die Firma wieder selbstbewußt auf dem Markt operieren, weil die Mitarbeiter sich wieder den Pflichten zugewandt hatten, zu deren Erfüllung man sie eingestellt hatte.

Zu viele Besprechungen sind oft ein Anzeichen für ein unsicheres Management, zu viel Personal und Mangel an konkreter Anleitung. Bedienen Sie sich der folgenden Strategien, um Ihre Leitung auf ein konstruktives Minimum zu beschränken:

- Setzen Sie Besprechungen niemals rein kalendermäßig fest. Rufen Sie Ihre Mitarbeiter *nach Bedarf* zusammen. Die Mentalität „Montag? Da muß ich an der Konferenz teilnehmen" gibt Ihren Konferenzen den Anstrich von Schulaufgaben, nicht eines Werkzeugs.

- Vor Ansetzen einer Konferenz sollten Sie sich folgende Fragen stellen: Ist diese Besprechung nur eine Ausrede, um die Verantwortung für meine Entscheidung zu verwischen?

Habe ich eine geplante Tagesordnung? Könnte diese Angelegenheit nicht ebenso leicht durch eine Kommunikation von Mann zu Mann gelöst werden?

- Denken Sie an alles, was Sie und Ihre Mitarbeiter in der Zeit erledigen könnten, die Sie für die Konferenz vorgesehen haben. Ist die Konferenz wirklich wichtiger als diese Aufgaben?

VIELE KONFERENZEN SIND EIN EINDEUTIGES SIGNAL DAFÜR, DASS EIN UNTERNEHMEN SICH IN SCHWIERIGKEITEN BEFINDET.

8. Zuhörübungen für den Manager

Was macht schon ein Tag aus? Blättern Sie einmal drei Tage hintereinander in der Bibel der amerikanischen Geschäftswelt, im *The Wallstreet Journal.* Selbst eine nur flüchtige Lektüre wird Ihnen verraten, daß der Unterschied zwischen einem Geschäftstag und dem nächsten den Unterschied darstellt zwischen einer Firmenfusion und dem Aufkauf eines Unternehmens, zwischen einem Bankrott und einem beispiellosen Gewinn, zwischen Erfolg und Scheitern. Und jetzt unterbrechen Sie die Lektüre und denken daran, daß jeder dieser Auf- und Abschwünge das Ergebnis erfolgreicher oder erfolgloser Zusammenarbeit von Menschen ist. Dann wird jeder einzelne Tag in Ihrer Abteilung seine wahre Bedeutung erhalten.

Geben Sie jedem Tag, was ihm gebührt

Demzufolge müssen Sie das folgende Theorem als Grundlage Ihres Managementplans akzeptieren: Nichts ist so groß wie der Wandel!

Nehmen Sie sich jeden Tag einige Augenblicke, um sich mit den Bedürfnissen und Zielen Ihrer Untergebenen zu beschäftigen; damit zapfen Sie die Kraft positiver Chancen an. Lernen Sie, auf die gesunden Lösungsvorschläge und kreativen Innovationen der Angestellten zu hören, und machen Sie aus jedem Tag eine neue Chance. Welchen Unterschied kann ein Tag ausmachen? Hören Sie richtig zu. Sie werden dann stets für morgen gerüstet sein.

Sprechen Sie mindestens einmal täglich mit jedem direkt Unterstellten

Mangelnde Kommunikation zwischen dem Manager und seinen Untergebenen führt zu einem Vakuum. Diese Leere wird bald durch Mißverständnisse ausgefüllt.

Denken Sie daran, daß der Manager im Leben des Untergebenen eine der wichtigsten Personen ist. Sind Sie für ihn stets verfügbar, dann bestätigen Sie ihm damit, daß Sie die Verantwortung für Ihre Rolle akzeptieren. Es bezeugt Ihr Interesse und schafft ein Gefühl der Mitverantwortung.

Für die Kommunikation von Mensch zu Mensch gibt es keine größere Hürde als Distanz. Tun Sie den ersten Schritt, dann werden die Untergebenen Ihnen auf halbem Wege entgegenkommen.

Notieren Sie wichtige Lebensdaten der Untergebenen

Während meiner Dienstzeit bei einem großen Unternehmen der Lebensmittelindustrie wurde eine Mitarbeiterin plötzlich ins Büro des Firmenchefs gerufen. Da sie vorher kaum Kontakt mit ihm gehabt hatte, war sie besorgt. Hatte einer ihrer Fehler den Weg bis zum Chefbüro gefunden? Würde man sie jetzt dort in die Mangel nehmen?

Man stelle sich ihre Erleichterung vor, als der große Boß ihr die Hand reichte (statt sie zu rüffeln) und ihr zum zehnjährigen Dienstjubiläum gratulierte! Die Tatsache, daß er überhaupt von ihrer zehnjährigen Dienstzeit wußte, war schon eindrucksvoll genug. Daß er sich jedoch die Zeit nahm, ihr persönlich zu danken, begründete ein Band der Loyalität, das auch heute noch, fünf Jahre später, stark ist.

Nehmen Sie sich die Zeit, wichtige Daten aus dem Leben Ihrer Untergebenen zur Kenntnis zu nehmen — Geburtstage, Dienstjubiläen — und Sie geben Ihren Angestellten zu verstehen, daß Sie sie als Menschen ebenso schätzen wie als Arbeitnehmer. Wer sie wie Maschinen behandelt, muß mit Pannen rechnen — in der Kommunikation wie bei der Betriebsmoral.

Pressen Sie mindest zweimal täglich die Lippen zusammen, um nicht dort zu sprechen, wo Sie zuhören sollten

Achtung! Diese Übung könnte vorübergehend an Ihrem Ego zehren. Andererseits dürfte der Auftrieb, den sie der Betriebsmoral und der Produktivität verschafft, von Dauer sein.

Selbst die kleinste Investition in die Selbstachtung eines Mitarbeiters wird hohe Dividenden in Form von Verläßlichkeit und Zuversicht einbringen. Ihre Mitarbeiter sind die wertvollste Ressource Ihrer Firma. Machen Sie ihnen das höchste Kompliment. HÖREN SIE ZU.

Lachen Sie mindestens einmal täglich über sich selbst

Jawohl! Und das in aller Öffentlichkeit! Denn auch Sie sind nur ein Mensch. Ihre Mitarbeiter werden nicht im geringsten überrascht sein, daß Ihre Möglichkeiten zu irren um so größer sind, je mehr Sie zu leisten versuchen.

Nehmen Sie sich die Zeit, gemeinsam mit Ihren Mitarbeitern über Ihre Irrtümer zu lachen. Das gibt Ihren Leuten den Mut, eigene Anregungen vorzutragen. Beachten Sie die Reaktionen auf Ihre Entscheidungen. Geben Sie Ihren Leuten zu verstehen, daß auch ihr Chef nicht ohne Tadel ist.

Lachen ist die Stimme der Begeisterung, und Begeisterung ist der Motor auf dem Wege zu langfristigen Zielen trotz der Hürden kurzfristiger Fehlschläge.

Und wenn alles andere nicht hilft:
Schauen Sie in den Spiegel

Die Natur hat Sie mit zwei Ohren, aber nur einem Mund ausgestattet. Hören Sie auch zweimal so häufig zu wie Sie reden?